베두인의 눈으로 본 시123편

| 소강석 지음 |

쿰란출판사

추천사1

그동안 여러 저술을 통해 많은 훌륭한 상을 획득한 저자가, 이번에는 시편 23편에 관한 책을 출간했다. 시편 23편은 시편에 수록된 150편의 시 중에서, 가장 많은 사람들에게 사랑받고 애송되는 시 가운데 하나이다. 그래서 이 시편 23편을 소재로 작곡한 노래들은 성악가들에 의해 애창되고 있고, 그 노래를 듣는 우리의 마음은 항상 큰 감동으로 충만해진다. 시편 23편을 읽고 묵상하노라면, 항상 마음이 푸근해지고, 나의 인생은 결코 무너지지 않는다는 안정감과 더불어, 하나님을 향한 말할 수 없는 신뢰와 감사를 느끼게 된다.

그러나 시편 23편은, 우리들이 묵상하면서 이해하는 것 이상으로, 매우 심오한 의미와 진리를 담고 있다. 만약 우리가 이러한 모든 것을 제대로 이해하게 된다면, 우리는 이 시편을 통해 인생의 더 큰 확신과 하나님을 향한 더 큰 믿음, 감사, 감동을 느끼게 될 것이다.

저자는 이 책에서 시편 23편에 관련된 고대 근동의 종교제의적인 배경과 목축업에 관련된 문화적 배경, 그리고 목자와 양들의 실제적 생활에 관련된 풍부한 배경을 잘 활용하여 본문을 주해하고 있다. 그리고 관련된 구약과 신약의 많은 성경구절을 토대로 본문의 의미를 통전적으로 풀어 설명하고 있으며, 이러한 방식으로 이 시편에 담고 있는 올바른 신관과 하나님의 백성들의 삶의 본질, 그리고 그 방향을 제시하고 있다.

또한 이러한 내용들을 단순히 학술적인 방식으로만 다루는 것이 아니라, 이 시편에 나타나는 목자와 양의 이미지를 활용하고 응용하면서 시편 23편의 가르침을 현재 한국 교회에 적용하고, 나아가 교회를 목양하는 목회자는 어떠한 목회자가 되고, 교인들은 어떠한 교인이 되어야 하는지를 설파하고 있다.

그동안 여러 저술을 통하여 보여준 저자의 탁월한 문필가적 기교와, 내용을 전개함에 있어서 깊은 학술적 깊이를 전혀 손상시키지 않으면서도 모든 계층의 독자들이 재미있게 읽을 수 있도록 한 표현력은 책의 충실한 내용과 어우러져 독자들의 감동을 배가시킬 것이다.

목회자들의 올바른 성경적 목회적 리더십과 성도들의 올바른 성경적 교인상이 절실하게 요청되는 시점에, 이 책이 출간됨을 매우 기쁘게 생각한다. 이 책은 목회자와 교인 모두에게 유익한 안내서가 될 것을 믿어 의심치 않으며, 이 책이 인도하는 바대로 신앙생활을 한다면 한국교회는 아주 건강한 교회가 될 것을 확신하기에 기쁜 마음으로 추천하는 바이다.

2011년 2월 1일

총신대학교 전 총장 및 구약학 교수

김인환

시는 4차원적 입체언어다. 직관된 이미지를 비유와 은유, 상징적 언어로 직조한다. 단순한 평면적 서사가 아니다. 그것은 입체적 암호와 같다. 그래서 시는 언어 이면에 숨어 있는 또 다른 제2의 언어를 통찰해야 한다. 특별히 시적 자아가 처한 상황과 배경은 시의 암호를 풀어내는 마스터키와 같다. 시편 23편도 마찬가지다. 표면적 언어의 독해는 주변 진리를 해석하는 것이지 핵심 진리를 간파하는 것은 아니다. 그런데 기존의 수많은 성경학자와 설교자들이 시편 23편을 주석하고 설교할 때에 평면적 해석의 한계를 보여주는 경우가 많았다.

그런데 한국교회의 차세대 대표 지도자로 주목받고 있는 저자는 기존의 시편 23편의 해석을 넘어서는 새로운 입체적 직관과 통전적 내러티브의 진수를 보여준다. 우리는 시편 23편을 생각하면 호주나 뉴질랜드의 푸른 초원을 연상한다. 그러나 다윗이 기록한 시편 23편의 배경은 전혀 다르다. 그 당시 유목민이었던 베두인이 양을 치던 고대적 배경을 캔버스로 하여 해석해야 한다. 풀 한 포기 없고 물 한 방울 없는 그 황무하고 삭막한 광야. 그 죽음의 광야에서 양을 치는 베두인의 눈으로 시편 23편을 바라보아야 한다.

이 책의 가장 큰 장점은 풍부한 고고사적 자료와 신관, 유목문화를 배경으로 하고 있다는 점이다. 그리고 현대인들의 삶에 적용할 수 있는 실제적 삶의 이야기를 담고 있다는 것이다. 뿐만 아니라 다양한 책을 저술한 문필가요 시인으로서 저자가 보여주는 예술적 문체와 창조적 내러티브가 빛을 발한다. 저자는 천부적인 내러티브 설교자이다. 그는 어떤 주제로 설교를 하든 이야기식으로 설교하는 탁월한 달란트를 부여받았다. 그의 설교에서 우리는 깊은 감성과 상상력이 유감없이 발휘되는 것을 보고 놀랄 때가 많다.

나 또한 《유다 광야에서 읽어보는 시23편》이라는 책을 저술하면서 고대 근동의 배경과 문학적 구조, 신학적 해석을 균형감 있게 시도한 바 있다. 그런데 본 저자의 책은 고고학적 배경, 문학적 구조와 신학을 하나로 묶는 통전적 강해와 내러티브 서사를 탁월한 문체로 펼쳐나갔다. 마치 자신이 베두인이 된 것처럼 시편 23편을 해석하고 있으며, 하나님의 의중을 간파한 놀라운 영적 통찰력을 확인할 수 있다. 이것은 저자가 목회자일 뿐만 아니라 등단 시인이기 때문에 가능한 일일 것이다.

그러므로 저자의 시편 23편의 해석은 절망과 상실의 시대를 살아가는 현대인들에게 깊은 근원적 사랑과 희망을 제시한다. 《베두인의 눈으로 본 시23편》이 오늘날 광야와 같은 세상을 살아가는 현대인의 영혼에 오버랩 된다. 때론 바람이 몰아친다. 야수의 이빨이 보인다. 사막의 모래알이 입안에 씹힌다. 그러나 양들은 안전하다. 왜

냐하면 목자의 지팡이가 지키고 있기 때문이다. 책장을 넘길 때마다 눈물겹다. 은혜가 넘친다. 참 목자이신 하나님을 송축하게 된다. 그리고 이렇게 감사의 고백을 하게 된다: "내 잔이 넘치나이다."

한국 교회사에 또 한 편의 불멸의 저서가 탄생한 것을 진심으로 축하하며, 기쁨으로 추천하는 바이다.

2011년 2월 1일
장로회신학대학교 총장
장영일

서문

한국의 그리스도인들이 가장 많이 애송하는 시편 중의 하나인 시편 23편은, 어느 때 불러도 참으로 은혜가 넘치는 멋지고 좋은 시입니다. 또한 어느 부분을 읽어도 아름답고, 감격과 기쁨이 넘치는 시입니다. 특별히 우리는 이 시편 23편으로 어떤 형편과 상황에 처해 있는 사람에게도 축복해 줄 수 있습니다.

아이가 이 땅에 태어났을 때, 누구든지 그 아이를 향하여 "여호와는 이 아이의 목자시니, 이 아이의 평생에 부족함이 없을지어다!" 라고 축복할 수 있습니다. 방황기에 있는 청소년에게는 이렇게 축복할 수 있을 것입니다.

"여호와는 이 아들의 목자가 되시니, 아무리 이 아들이 혼돈과 사망의 음침한 골짜기로 다닐지라도 주의 지팡이와 막대기가 저를 안위하여 주옵소서!"

또한 결혼식장에서 신혼부부에게 이렇게 축복할 수 있습니다.

"여호와께서 이 신혼부부의 평생에 목자가 되어 주시면, 언제나 그들에게 부족함이 없을 것입니다. 세상에서 살면서 여러 가지 싸움과 경쟁도 있겠지만, 목자 되시는 하나님께서 원수의 목전에서 언제나 승리의 잔치를 베풀어 주실 것입니다. 그리고 언제나 이들의 잔을 넘치게 채워주실 것입니다."

병원에 있거나 병들어 고통 받는 자에게도 "이 형제의 목자가 되어 오셨던 하나님, 하나님은 이 성도가 살아온 평생 동안, 언제나 푸

른 초장 맑은 시냇물가로 인도해 주셨습니다. 사망의 음침한 골짜기를 다녔을 때는, 지팡이와 막대기로 안위하여 주셨습니다. 그런데 이제 이 성도가 원치 않는 병에 걸려 병상에 누웠사오니, 목자 되신 주께서 머리에 기름을 부어 주옵소서. 그리하여 치유의 잔이 넘치게 하시고, 은혜의 잔이 넘치게 하옵소서."

이렇게 치유의 기도를 해줄 수 있습니다.

그뿐입니까? 심지어 장례식장에서도 이 시편은 놀라운 설교의 주제가 됩니다.

"하나님께서는 평생 고인의 목자이셨습니다. 그래서 고인은 언제나 하나님 안에서 부족함 없는 삶을 사셨습니다. 하나님은 언제나 고인을 푸른 초장 맑은 물가로 인도해 주셨습니다. 그리고 언제나 하나님의 선하심과 인자하심으로 그를 따르게 하셨습니다. 그래서 고인은 선한 목자 되시는 주님의 은혜를 따라 참으로 행복한 인생을 살다가, 이제 여호와의 집에 영원히 거하게 되었습니다."

이렇게 시편 23편은 참으로 아름다운 시입니다. 어디에다 적용해도 참으로 멋진 시가 됩니다. 그런데 이 아름다운 시는 이렇게 이어집니다.

"주께서 내 원수의 목전에서 내게 상을 차려 주시고 기름을 내 머리에 부으셨으니 내 잔이 넘치나이다."

하나님은 원수의 목전에서 식탁만 베푸시고 잔치만 베푸시는 분이 아니었습니다. 기름을 우리 머리에 부어주시고 우리의 잔도 넘치도록 해주셨습니다. 그래서 우리의 평생에 그 선하심과 인자하심이 따르게 하셨습니다. 그러므로 우리는 목자 되신 주님의 품에서 영원토록 행복한 삶을 누릴 수 있는 것입니다.

보통 사람들은 시편 23편의 양을 생각할 때, 호주나 뉴질랜드의 푸른 초원에서 한가로이 풀을 뜯는 양의 모습을 떠올립니다. 그래서 이 시에서 다윗이 묘사한 양과 목자의 모습도 그렇게 이해하곤 합니다. 필립 켈러가 쓴 《목자와 양》이라는 책도 전형적으로 그러한 이해를 바탕으로 하고 있습니다.

그러나 다윗이 시편 23편을 쓴 곳은 뉴질랜드의 드넓은 초원 같은 곳이 아니라, 곳곳에 죽음의 위험이 도사리고 있는 유대 광야입니다. 다윗은 거기에서 양을 치는 목동으로 어린 시절을 보냈고, 성인이 되어서는 또 스스로 양이 되어 하나님을 의지하며 이런 시를 썼던 것입니다.

그러므로 우리는 다윗의 이 아름다운 시를 읽을 때, 그리고 그 속의 다윗과 하나님과의 관계를 생각할 때, 멋지게 펼쳐진 광활한 초원이 아닌 죽음의 위협이 도사리고 있는 팔레스타인의 유대 광야를 상상해야 합니다. 유대 광야의 지형적 특징과 기후를 잘 이해할 때, 우

리는 시편 23편 속에 살아 숨쉬는 다윗의 감동의 고백과, 하나님의 자비하신 보호의 손길을 잘 이해하고 또한 느낄 수 있는 것입니다.

이 책은 필자가 담임하는 새에덴교회의 2010년 여름 수련회의 강의안을 다시 정리하여 묶은 것입니다. 필자는 이 책을 준비하며, 예루살렘 대학에서 다년간 성경 배경을 연구하신 BOB(Background of Bible) 아카데미 대표 장재일 목사님에게 많은 빚을 졌습니다. 장 목사님은 필자에게 유대적 배경과 성경의 배경에 관한 내용을 치밀하고도 알기 쉽게 전수하여 주었습니다. 이 자리를 빌어 다시 한 번 감사드립니다.

이 책을 준비하면서 저는 다시 한 번 저를 인도하시는 하나님의 사랑을 경험했고, 지금도 어리석은 양처럼 갈 바를 알지 못하며 험한 인생길을 걸어가고 있는 우리를 도우시고 보호하시는, 주님의 놀라운 사랑에 감사할 수 있었습니다.

모쪼록 이 책을 통해, 희미해져가는 목자 되신 하나님과의 그 첫 사랑이 회복되고, 그로 인해 우리 모두의 마음에 항상 사랑의 단비를 부어주시는 성령님의 은혜가 임하시길 바랍니다. 그리하여 우리의 삶이 목자로 당신을 계시하신 하나님의 자비하시고 놀라우신 사랑으로 다시 물들기를 바랍니다. 그리고 이 시편의 메시지를 통해 한국교회가 목자이신 그리스도의 사랑에 응답하고, 그 사랑을 사모하며, 또한 더욱 그의 사랑을 통해 성장하고 새로워지기를 바랍니다.

끝으로 이 책의 출판을 위해 애쓰신 쿰란출판사의 이형규 장로님과 직원들에게 감사의 마음을 전합니다. 그리고 저의 믿음의 어머니시며 항상 기도 후원과 격려를 아끼지 않으시는 장모님 정금성 권사님과, 내조를 아끼지 않는 사랑하는 아내에게도 이 자리를 빌어 감사드립니다. 또한 저를 위해 늘 기도하며 염려하는 새에덴 교회의 사랑하는 모든 당회원과 성도님들, 그리고 원고 정리를 위해 수고하신 사랑하는 동역자 이용진 목사님에게도 감사드립니다.

그러나 무엇보다 부족한 종을 이토록 사랑하셔서 이 사역을 감당케 하시는 사랑하는 우리 주님께 감사드리며, 이 모든 영광이 온전히 주님께 돌려지길 소망합니다.

"오직 우리 주 곧 구주 예수 그리스도의 은혜와 그를 아는 지식에 자라가라 영광이 이제와 영원한 날까지 그에게 있을지어다"(벧후 3:18).

2011년 2월 1일
소강석

차례

1장
여호와는 나의 목자

여호와는 나의 목자시니 내게 부족함이 없으리로다

(시 23:1)

1장 여호와는 나의 목자

우리는 신앙생활에서 얼마나 하나님을 목자로 여기며 살고, '하나님은 나의 목자' 라는 말을 얼마나 이해하며 살고 있습니까? 우리가 정말 하나님을 우리의 목자로 인정한다면 부족함이 없는 삶을 살아가게 될 것입니다. 그러나 그렇지 않다면 우리는 스스로를 돌아보아야 합니다. 사실 우리는 하나님을 목자로 삼지 않고, 제멋대로 살아가는 때가 많습니다.

"여호와는 나의 목자시니 내게 부족함이 없으리로다"(시 23:1).

이 말씀은 하나님과 나의 개인적이고 인격적인 관계성을 잘 설명해 주고 있습니다. 바로 그 관계는 '목자'와 '양'이라는 관계입니다. 이는 너무나 구체적이고 현실적인 표현입니다. 아니, 너무나 파격적인 표현이라고 할 수 있습니다. 감히 그 위대하신 하나님을 한낱 목자로 표현했으니 말입니다. 하나님 앞에서 불경죄를 짓는 것 같습니다.

그러나 다윗은 하나님과 자신의 관계를 지극히 개인적이고 현실적으로 표현하기 위해 그렇게 한 것입니다.

당시 고대 근동 아시아 지역, 특히 가나안 지역 사람들은 다신관의 사고 속에서 살았습니다. 하늘에는 수많은 신들이 있고, 그 신들은 결혼하고 자식도 낳는다고 생각했습니다. 그리고 그 신들도 늙는다고 생각했습니다. 그 신들 가운데 대표적인 신이 바로 '엘'(El)이라는 신입니다. 이 '엘'은 가나안의 만신전의 우두머리였는데, 세상을 창조한 최초의 신으로 여겨졌습니다.

성경에서 '여호와', 혹은 '야웨'라는 하나님의 이름은 출애굽기에 들어가서야 비로소 이스라엘에게 계시됩니다. 그 전에는 일반적으로 하나님을 '엘'로 표현했습니다. 당시 '엘'이라는 이름은 어느 정도 보통명사화되어 있었습니다.

우리도 그렇습니다. 우리는 천지를 창조하신 최고의 신, 하나님을 유일한 '하나님'이라고 말하지만, 천주교에서는 '하느님', 다른 종교에서는 '하늘님' 등으로 표현하지 않습니까?

성경은 그 보통명사화된 최고의 신 '엘' 이 '여호와 하나님' 이라고 증거합니다. 천지를 창조하시고 운행하시는 최고의 신이 바로 '여호와', '야웨' 라는 것입니다. 그래서 성경에는 '엘' 과 '여호와' 가 같이 쓰입니다. '여호와' 가 최고의 신이요, 최고의 신이 바로 '여호와' 라는 것입니다.

물론 고대 근동에서 일반적으로 말하는 신과 성경에서 말하는 하나님은 같지 않습니다. 그냥 발음만 같은 것입니다. 그러므로 고대 근동에서는 '엘' 이 일반적으로 최고의 신이지만, 성경은 그 '엘' 이 '여호와 하나님' 이고, 천지를 창조하신 최고의 신이라고 고백합니다. 같은 '엘' 이라는 말도 성경에서 말하는 것과 고대 근동 지역, 특히 가나안에서 말하는 것은 이렇게 다릅니다.

'엘' 로 여호와 하나님을 표현

구약성경은 여호와 하나님의 이름을 '엘'(אל)을 사용해서 다양하게 표현합니다. '엘 샤다이'(אל שדי, 전능하신 하나님, 창 17:1), '엘 엘리온'(אל עליון, 지극히 높으신 하나님, 창 14:18), '엘 올람'(אל עולם, 영존하시는 하나님, 창 21:33) 등으로 부릅니다.

더구나 창세기 1장 1절에서 "태초에 하나님이 천지를 창조하시니라" 할 때 사용된 '하나님' 이라는 말은 '엘' 의 복수형인 '엘로힘'(אלהים)입니다. 구약은 하나님의 이름을 '엘' 을 사용해서 표현하는 것입니다. 그러다가 하나님은 믿음의 족장들에게 그들의 믿음을 성숙

하게 하기 위해 당신에 대한 계시를 구체화하십니다. 출애굽기 3장에서 하나님은 당신의 성호를 '스스로 있는 자'(I am that I am)로 계시하시고, 출애굽기 6장에서는 '여호와, 야웨'로 계시하시는 것입니다.

"모세가 하나님께 아뢰되 내가 이스라엘 자손에게 가서 이르기를 너희의 조상의 하나님이 나를 너희에게 보내셨다 하면 그들이 내게 묻기를 그의 이름이 무엇이냐 하리니 내가 무엇이라고 그들에게 말하리이까 하나님이 모세에게 이르시되 나는 스스로 있는 자이니라 또 이르시되 너는 이스라엘 자손에게 이같이 이르기를 스스로 있는 자가 나를 너희에게 보내셨다 하라"(출 3:13-14).

"하나님이 모세에게 말씀하여 이르시되 나는 여호와이니라 내가 아브라함과 이삭과 야곱에게 전능의 하나님으로 나타났으나 나의 이름을 여호와로는 그들에게 알리지 아니하였고"(출 6:2-3).

우가리트 문서에 의하면 고대 가나안 신화에는 만신전의 주신 '엘'을 비롯하여 수많은 신들이 있었습니다. 그중에서도 실제적인 권한을 가지고 있고, 또한 풍요로움도 준다고 믿었던 신이 '바알'(בעל, Baal)[1] 신입니다.

---

1) '바알'은 '남편' 혹은 '주인'이라는 뜻이다.

이 신은 특별히 '바람' 과 '비' , '물' 과 '번개' 를 다스리는 풍요와 번영의 신으로 알려졌습니다. 그래서 가나안 사람들은 바알이 모든 실권을 쥐고, 만물을 다스리며, 인간에게 풍요와 번영을 준다고 생각했습니다.

이를테면, 짐승이 잘 번식하는 것도 바알 덕분이요, 농사가 잘되고 또 자녀들이 잘 태어나는 축복도 바알이 준다고 생각했습니다. 인간적으로 표현하면 가나안 만신전의 주신 '엘' 이 왕이요 대통령이라면, '바알' 은 실권을 가진 수상이요 총리 정도쯤으로 여긴 것입니다.

그런데 바알에게도 경쟁자가 하나 있었습니다. 바로 '모트' (Mot)[2]라는 신인데, 이 신은 '죽음의 신' 이고 '흉작의 신' 이었습니다. 그는 모든 죽음과 사망과 음부의 권세를 주관하고, 또한 파괴자요, 광란의 신입니다.

'바알' 은 이 '모트' 라는 신과 싸워서 이겨야 완전한 통치자가 될 수 있었습니다. '죽음' 을 관장하는 신을 제압해야 풍요를 주고 싶을 때 풍요를 주고, 생명을 주고 싶을 때 생명을 줄 수 있는 것입니다.

그러나 불행히도 바알은 모트와 싸워서 집니다. 그래서 그 영광스러운 보좌에서 쫓겨나, 아무 할 일도 없는 주검의 존재가 되어 버린 것입니다. 그때 그의 자매 격인 '아나트' (Anat)[3]라는 여신이 등장해

2) '모트' 는 '죽음' 이라는 뜻이다.

서 모트를 죽이고 바알을 부활시킵니다.

바알은 부활한 후, 주신(主神) '엘' 이 서서히 늙어가고 힘이 빠져 가는 틈을 타 하늘의 실제적인 통치자가 됩니다. 이 '바알' 이 부활하는 때가 바로 '모트' 가 죽는 때인 4월에서 6월 사이입니다. 그래서 이 4월에서 6월 사이에 고대 근동 지역 사람들은 수확을 합니다. 이 시기는 밀과 보리가 익고, 과일 꽃이 피는 시기입니다. 다시 말해, 풍년 농사 축제를 하는 시기입니다.

고대 근동 사람들은 비와 폭풍과 번개를 관장하는 풍요의 신 '바알' 이 죽음과 흉작의 신 '모트' 가 죽을 때, 부활해서 인간들에게 이러한 풍요와 다산의 축복을 준다고 믿었습니다. 그리하여 바알이 모트가 죽는 4-6월, 이 기간에 다시 부활하여 농작물이 잘되게 한다고 생각했습니다.

바알 부조

고대 근동의 밀

3) 서부 셈족의 주요 여신. 사랑과 전쟁의 여신이며 바알 신의 여동생이자 조력자이다. 젊고 아름다운 여신으로 묘사되었고 고대 문헌에서는 종종 '동정녀' 로 일컬어진다. 가나안족의 신들 중에서 가장 잘 알려진 신에 속하며, 전투에서 보여준 젊은 기개와 용맹으로 유명하다.

그러나 고대 근동 지방 사람들은 그렇게 믿었을지는 모르지만, 이스라엘 사람들은 달랐습니다. 이스라엘의 여호와 종교에는 4월에서 6월 사이에 유월절과 무교절, 그리고 초실절이 있습니다. 유월절과 무교절은 전능하신 하나님께서 이스라엘을 애굽에서 구원해 주신 사건을 감사하며 기념하는 절기이고, 초실절은 그 해의 첫 번째 거둔 곡식을 하나님께 드리는 절기입니다. 여기서부터 고대 근동의 신관과 성경의 신관이 근본적으로 차이를 보입니다.

즉, 고대 근동 사람들은 바알이 부활함으로 풍년이 든다고 생각했지만, 이스라엘 백성들은 모든 수확이 하나님께로부터 온다고 생각했고, 더 확대해서는 여호와 하나님께서 애굽에서 건져 주시고 구원해 주셔서 하나님의 은혜로 결실을 얻게 되었음을 믿고, 그것으로 절기를 기키며 하나님께 감사하였습니다.

또 가나안 종교에는 7년 주기가 있습니다. 모트가 죽었지만 7년에 한 번씩 죽은 '모트'가 부활하기 때문입니다. 부활하여 사망의 발악, 음부의 발악, 그리고 파괴의 발악을 하기에 매 7년마다 농사도 짓지 말고 쉬라는 것입니다. 모트의 부활로 농사가 안 되니까, 즉 경작을 해도 소용이 없으니 하지 말라는 것입니다.

그러나 성경은 다릅니다. 매 7년마다 쉬라는 것은 모트의 발악 때문이 아니라, 하나님이 안식년을 명령하셨기 때문입니다. 하나님은 창조의 원리로 안식년을 지키라고 명령하셨기에 땅도 쉬어야 하고, 사람도 쉬어야 하며, 모든 경작 활동을 멈추어야 합니다.

"하나님이 그가 하시던 일을 일곱째 날에 마치시니 그가 하시던 모든 일을 그치고 일곱째 날에 안식하시니라 하나님이 그 일곱째 날을 복되게 하사 거룩하게 하셨으니 이는 하나님이 그 창조하시며 만드시던 모든 일을 마치시고 그 날에 안식하셨음이니라"(창 2:2-3).

"이스라엘 자손에게 말하여 이르라 너희는 내가 너희에게 주는 땅에 들어간 후에 그 땅으로 여호와 앞에 안식하게 하라"(레 25:2).

"네가 거둔 후에 자라난 것을 거두지 말고 가꾸지 아니한 포도나무가 맺은 열매를 거두지 말라 이는 땅의 안식년임이니라 안식년의 소출은 너희가 먹을 것이니 너와 네 남종과 네 여종과 네 품꾼과 너와 함께 거류하는 자들과 네 가축과 네 땅에 있는 들짐승들이 다 그 소출로 먹을 것을 삼을지니라"(레 25:5-7).

이렇게 고대 근동의 가나안 종교와 이스라엘의 종교는 근본적으로 다릅니다. 겉으로는 비슷하게 보이는 것들이 있다 할지라도, 그 근본적인 개념과 본질적인 측면은 완전히 다른 것입니다. 이런 다른 상황 속에서 가나안 사람들은 바알을 잘 섬겨야 복을 받는다고 믿었습니다.

요즘도 그렇지만 당시에는 먹고사는 문제가 가장 큰 문제였습니다. 그러니 파종과 수확을 관장한다는 신 바알을 사람들이 어떻게 안 섬길 수가 있었겠습니까? 가축의 번식과 다산까지 주관하는 풍요의 신이라고 하니 섬길 수밖에 없었을 것입니다.

그들은 자폰(Zaphon) 산이라는 곳에 바알 신전부터 우람하게 지었습니다. 거기에서 바알에게 의식을 행했습니다. 바알 신전의 의식은 희생 제사로부터 시작합니다. 양이나 염소나 소를 번제로 드리고, 제의에 참석한 사람들은 관능적인 춤을 춥니다. 그리고 집단 혼음을 합니다. 그들은 바알과 여신과의 성행위를 통해 비가 온다고 믿었기에, 바알과 여신 사이에 행해지는 성행위를 사람들도 따라 하면 신들의 행위와 같은 결과, 즉 비가 와서 땅의 다산과 풍요를 가져온다고 생각했던 것입니다.

음란한 바알 제의

바알의 제의와 희생 제사는 너무나 시각적이고 구체적이며, 실제적이고 체험적이었습니다. 제의와 성행위가 결합되어 있기 때문입니다. 그래서 그들에게는 제의가 성행위이고, 성행위가 제의의 일부입니다. 사람들이 거기에 쉽게 미혹되었던 것입니다.

바알에게는 사랑하는 여신 '아세라'(Asherah)가 있었습니다. 고대 근동 사람들은 바알과 아세라 여신이 성관계를 가지면 비가 쏟아진다고 생각했습니다. 그런데 원래 아세라는 가나안의 주신(主神)인 엘의 아내였습니다. 그 둘 사이에 태어난 신이 바로 바알입니다.

고대 문헌을 보면 아세라는 엘의 아내였지만, 바알의 아내로 나타나기도 합니다.[4] 왜냐하면, 바알이 실제적인 통치자가 되기 위해 어

---

4) 테오도르 H. 가스터, 《세상에서 가장 오래된 이야기》(이용찬 역, 서울: 대원사, 2000), p. 225 이하 참조.

머니 아세라를 차지하고, 아버지 엘을 쫓아내 버렸기 때문입니다. 자기를 낳아 준 엘을 밀어내고, 어머니 아세라를 아내로 삼고, 신들 중의 실권을 차지한 것입니다.

고대 근동의 신관, 즉 가나안 종교의 신관과 종교 윤리가 이렇게 유치하고, 저속합니다. 그리고 비윤리적입니다.

아세라 상

아데미 상

고대 가나안 사람들은, 비가 오지 않는 것은 바알과 아세라가 성관계를 하지 않아서 그렇다고 생각했습니다. 바알에게도 권태기가 오고, 갱년기가 찾아와서 성관계를 하지 않는다고 생각했습니다. 그래서 바알 신전에서 사람들은 제의를 행하다가, 바알과 아세라의 성관계를 모방해서 집단적인 성관계를 가집니다. 이것이 바알과 아세라를 충동하여 비를 내리게 한다는 것입니다. 그러나 이러한 내용은 우리 그리스도인들의 입장에서는 말도 안 되는 것입니다.

지금 우리가 여호와 하나님을 섬긴다는 것이 얼마나 감사한지 모릅니다. 인격적이고 윤리적인 거룩하신 하나님을 섬긴다는 것이 얼마나 우리에게 큰 은혜인지 모릅니다. 더구나 그 하나님이 우리의 목자가 되어 주신다니 얼마나 감사합니까? 그래서 우리는 하나님을 찬양합니다.

♪ 여호와 하나님 하늘에 계시니
온 천하 만민 주 앞에 찬송하네
이 천지 만물도 주 앞에 엎드려
그 거룩하신 이름을 늘 높이네

주 언약하신 것 끝까지 지키니
저 하늘나라 향하여 곧 가리라
주 얼굴 뵈올 때 내 맘이 기쁘고
영원히 주의 영광을 찬양하리

이스라엘 백성들이 광야에서 여호와 하나님만 섬기다가, 이런 비윤리적인 가나안 종교, 바알 종교의 모습을 보게 된 것입니다. 아마도 그들에게 바알 종교의 제의는 정말로 매혹적이었을 것입니다. 그래서 현혹되지 않을 수 없었을 것입니다.

우리가 잘 알다시피 이스라엘 백성들은 유목민이었습니다. 그들이 섬기는 하나님도 유목민의 하나님이고, 그들의 종교도 유목민의 종교였습니다. 더구나 유목민들은 정처없이 이리저리 떠돕니다. 그래서 그들은 정해진 공간을 확보할 수 없었기에, 상당히 추상적인 생각과 신앙을 가질 수밖에 없었습니다.

그러나 가나안의 바알 종교는 아주 구체적이고 실제적입니다. 그리고 비윤리적이고, 감각적이었으며, 쾌락적이었습니다. 이스라엘 종교가 공동체적이고 윤리적인 종교라면, 가나안의 바알 종교는 너무나 개인적이고 이기적이고 성적인 종교였습니다.

광야에서 그러한 관념적이고 윤리적인 사고의 틀 속에서 살아왔던 이스라엘 사람들은 바알 종교에 현혹되자 거기에서 헤어나지를 못했습니다. 그러니 그들은 자연히 가나안 땅에서 바알을 섬기게 된 것입니다.

이스라엘의 양다리 걸치기

그들은 여호와 하나님을 근본적으로 배반하지는 않았습니다. 여호와 하나님을 차 버리고 바알에게로 갔던 것이 아니라, 여호와 하나님과 바알을 동시에 섬겼습니다. 여호와 종교의 절기와 법도를 지키면서, 바알도 함께 섬깁니다. 이것이 바로 성경이 말하는 우상 숭배입니다. 전쟁이 나면 여호와 하나님께 가서 제사를 드리고, 비가 오지 않으면 바알 신전에 가서 성행위를 동반한 의식을 행했습니다.

이렇게도 표현할 수 있습니다. 엄격한 여호와 하나님을 섬기는 척했지만, 내면적으로는 자유와 풍요, 쾌락을 주는 바알을 섬기고 있었다고 말입니다. 그들이 비록 겉으로는 여호와 하나님을 주신으로 섬겼지만, 속으로는 풍요와 쾌락의 신 바알을 섬기고 있었던 것입니다.

한국 교회의 그리스도인들도 상당수가 이런 신앙생활을 하고 있다고 봅니다. 겉으로는 하나님을 섬기는 척하지만, 실제로는 풍요의 신, 쾌락의 신을 섬기고 있습니다. 문제가 생기면 여호와 하나님께

기도하지만, 속으로는 이 땅의 풍요로운 삶을 위해 애를 쓰고, 발버둥치고 있는 것입니다. 이것은 참된 신앙이 아닙니다. 천지를 지으신 하나님만 우리의 생사화복을 주관하신다는 사실을 인정하고, 그것을 실천하는 것이 참된 신앙인의 자세입니다.

그래서 하나님은 당신만이 유일신임을 증명해 가시는 것입니다. 우리는 이스라엘 백성들이 출애굽할 때 하나님께서 애굽의 신들을 벌하셨던 것을 기억합니다.

> "내가 그 밤에 애굽 땅에 두루 다니며 사람이나 짐승을 막론하고 애굽 땅에 있는 모든 처음 난 것을 다 치고 애굽의 모든 신을 내가 심판하리라 나는 여호와라"(출 12:12).

> "애굽인은 여호와께서 그들 중에 치신 그 모든 장자를 장사하는 때라 여호와께서 그들의 신들에게도 벌을 주셨더라"(민 33:4).

모세는 모압 땅에서 가나안 입성을 앞두고 이스라엘에게 가나안 원주민들을 불쌍히 여기지 말고 다 죽이라고 합니다. 그리고 절대로 그들의 삶을 본받지 말고, 오직 여호와만 섬기라고 권면합니다. 가나안 종교가 너무나 매혹적이고, 유혹적이기 때문입니다. 마음을 다하고 뜻을 다하고 힘을 다해서 하나님을 섬기는 것이 이스라엘의 의무였습니다.

> "이스라엘아 들으라 우리 하나님 여호와는 오직 유일한 여호와이시니 너는 마음을 다하고 뜻을 다하고 힘을 다하여 네 하나님 여호와를 사랑하라"(신 6:4-5).

여호와 하나님만 섬겨라

가나안에 들어온 이스라엘 백성들은 바알 제의에 참여하게 되면서부터 그들의 여호와 하나님을 '엘' 정도로만 생각했습니다. 여호와 하나님과 가나안의 주(主)신인 엘을 동일하게 생각하고, 현실적으로는 바알을 섬겼던 것입니다.

하나님이 최고의 신이고, 하늘과 땅을 다스리는 우두머리 신인 것만은 분명하지만, 그러나 실제적으로 바알 신을 잘 섬겨야 농사가 잘되고, 가축이 잘되며, 자식도 잘 낳게 되는 축복을 받는다고 생각했습니다. 하나님이 바알 신보다 분명히 높은 것만은 사실이지만 그래도 바알에게 잘 보여야 실제적인 축복을 받는다고 생각했던 것입니다.

구약의 이스라엘 백성들은 이렇게 여호와 하나님을 섬기다가 가나안의 패역한 문화에 물들어 바알을 섬기고, 또 아세라와 몰록(Moloch), 그모스(Chemosh)를 섬겼습니다.

저는 개인적으로 진돗개를 좋아합니다. 그래서 몇 마리 데려다가 교회 안 빈터에서 기릅니다. 진돗개를 기르는 것, 특별히 데리고 등산하는 것은 저에게 큰 낙입니다. 그런데 언제부터인가 너무 바빠서 진돗개를 돌볼 시간이 없었습니다. 그러나 항상 마음으로는 4층 서재에서 개들을 내려다보며 사랑하고 축복했습니다.

그 진돗개에게 밥을 주는 사람은 저의 비서입니다. 저는 비서에게 시간이 되면 개밥을 주라고 지시합니다. 또 제가 내려다보다가 개가 혹시 배가 고플 것 같으면 개를 살펴보라고 전화를 하기도 합니다. 그리고 개들이 좋아하는 것을 특별히 챙겨 주기도 합니다.

그러니 실질적으로 개들은 저에 의해 살아가는 것입니다. 저의 돌봄과 배려 때문에 개가 잘 먹고 살아가지만, 정작 개들은 그것을 모릅니다. 그래서 개는 저를 무시하고, 제 비서만 좋아합니다. 비서가 내려가면 아주 난리가 납니다. "오빠! 오빠", "형님! 형님!" 하면서 온 교회가 시끄럽습니다.

저는 그것을 보면서 이스라엘 백성들의 행태를 생각했습니다. 이스라엘 백성들은 참된 신을 도외시하고, 여호와 하나님을 '엘' 정도로만 생각했습니다. 그리고 '바알' 이 참 신이며, 필요를 채워 주는 실체라고 생각했습니다. 이스라엘 백성들은 실제로는 바알을 섬겼지 여호와 하나님을 섬긴 것이 아닙니다. 우리 개들이 생각하는 것처럼 말입니다.

그것들이 아무리 영리하고 지각이 있더라도 이스라엘이 범했던 과오처럼 저를 '엘' 정도로만 생각하고 비서를 '바알' 정도로 생각하는 듯합니다. 그들에게 참된 주권자는 저인데 그들은 밥을 주는 비서만 사랑하는 것입니다.

이 부분에 대해서 우리는 다시 한 번 심각하게 스스로 질문해 보아야 합니다. 혹시 우리도 하나님을 형식적으로 적당히 섬기며, 다른 것을 실제적으로 섬기고 있지는 않는지 말입니다. 그리스도인들이 자신의 영달과 쾌락을 위해 미신을 믿고, 무당이나 잡신을 믿고 있지는 않는지, 그리고 하나님보다 사람이나 돈, 권력을 더 사랑하지는 않는지 확인해 보아야 합니다.

지금부터 4천 년 전 가나안에 살았던 이스라엘 사람들이 그랬습니다. 그들은 가나안 땅에 도착해서 바알을 섬겼고, 아세라와 몰렉, 그모스를 섬겼습니다. 지금까지 지켜 주신 하나님의 명령인 그 계명을 무시하고, 우상에 빠져서 잘못된 길을 가고 있었던 것입니다. 그렇게 온 천지가 우상 종교에 빠져 있었던 그 시대에, 다윗은 과감히 하나님을 '나의 목자' 라고 노래하고 있습니다.

> "여호와는 나의 목자시니 내게 부족함이 없으리로다"(야훼 로이 로 에흐사르 יהוה רֹעי לֹא אחסר)

이것이야말로 무척 현실적이고 개인적이며 구체적으로 하나님과 자신과의 관계를 표현하고 있는 것입니다. 온 가나안 땅을 뒤덮고 있는 우상과 잡신들이 아니라 오직 '여호와', '야웨' 만 나의 목자라고 고백하고 있습니다.

이스라엘 백성들은 여호와 종교가 추상적이고 계율적이고 공동체적이라고 생각하고 있었는데, 다윗은 현실적이고 개인적이며, 구체적이고 체험적으로 하나님과 우리와의 관계를 표현하고 있는 것입니다.

♪ 여호와 나의 목자 내게 부족 없네
푸르른 초장 위에 나의 몸 누이시네

내 영혼 소생하며 자기 이름 위해
의의 길 인도하니 골짜기 두렴 없네

주님의 지팡이가 안위하네 나를
주께서 원수 앞에 상으로 베푸시네

기름을 머리 위에 바르시는 주님
평생에 선하심과 인자함 따르리니

(후렴) 선한 목자 오 나의 목자여
생수가 넘치는 곳 날 인도하시네

1. 다윗은 하나님을 여호와로 고백하고 있습니다

앞서 기술한 것처럼, 하나님께서 당신의 이름을 '여호와' 로 계시하기 전에는 이스라엘 백성들이 다 하나님을 그냥 '엘' 이라고 불렀습니다. '엘로힘', '엘 샤다이', '엘 엘리온', '엘 올람' 등으로 말입니다. 그런데 하나님은 당신의 성호를 출애굽기 6장에서 '여호와' 로 계시하셨습니다.

"하나님이 모세에게 말씀하여 이르시되 나는 여호와이니라 내가 아브라함과 이삭과 야곱에게 전능의 하나님으로 나타났으나 나의 이름을 여호와로는 그들에게 알리지 아니하였고 가나안 땅 곧 그들이 거류하는 땅을 그들에게 주기로 그들과 언약하였더니 이제 애굽 사람이 종으로 삼은 이스라엘 자손의 신음 소리를 내가 듣고 나의 언약을 기억하노라 그러므로 이스라엘 자손에게 말하기를 나는 여호와라 내가 애굽 사람의 무거운 짐 밑에서 너희를 빼내며 그들의 노역에서 너희를 건지며 편 팔과 여러 큰 심판들로써 너희를 속량하여 너희를 내 백성으로 삼고 나는 너희의 하나님이 되리니 나는 애굽 사람의 무거운 짐 밑에서 너희를 빼낸 너희의 하나님 여호와인 줄 너희가 알지라"(출 6:2-7).

이곳에서 하나님께서는 처음으로 당신의 성호를 여호와로 계시하십니다. 그래서 다윗도 하나님을 그냥 '엘'로 부른 것이 아니라 '여호와' '야웨'로 분명히 못 박아서 고백했습니다.

그러면 '여호와' 혹은 '야웨'라는 이름의 의미는 무엇입니까?

1) 스스로 존재하시고 영존하시는 하나님입니다.

여호와는 가나안의 잡신들과는 근본적으로 다릅니다. 여신과 결혼해서 아이를 낳고, 세월이 흐르면 늙어 쫓겨나는, 그래서 죽고 마는 그런 신이 아닙니다. 스스로 존재하실 뿐만 아니라 영존하시는 아버지이십니다. 그래서 출애굽기 3장에서는 여호와 하나님을 '스스로 존재하시는 분'(I am that I am)[5]으로 말씀합니다.

> "모세가 하나님께 아뢰되 내가 이스라엘 자손에게 가서 이르기를 너희의 조상의 하나님이 나를 너희에게 보내셨다 하면 그들이 내게 묻기를 그의 이름이 무엇이냐 하리니 내가 무엇이라고 그들에게 말하리이까 하나님이 모세에게 이르시되 나는 스스로 있는 자이니라 또 이르시되 너는 이스라엘 자손에게 이같이 이르기를 스스로 있는 자가 나를 너희에게 보내셨다 하라"(출 3:13-14).

'스스로 있는 자'라는 말은 히브리 원어로 '예흐예 아셀 예흐예'(אהיה אשר אהיה)라는 말입니다. 이 '예흐예'라는 말에서 '여호와'라는

---

5) 어떤 사람들은 "I am who I am"이라고 번역하는 사람도 있지만, "I am that I am"이 더 정확하다고 본다.

말이 나왔습니다. '여호와' 라는 말은 '예흐예' 에 '아도나이' (나의 주)의 모음을 붙여서 만든 말입니다.

'예흐예' 라는 말은 '존재하다' 라는 뜻의 존재 동사입니다. 영어의 'be' 동사입니다. 한 마디로 '존재하다, 생기다, 되게 하다' 등의 의미를 가진 말입니다. '아셀' 이 관계대명사니까 "나는 나다", 나아가 "나는 존재하는 자다", "나는 존재케 하는 자다" 라는 의미가 됩니다.

즉, "나는 누구의 도움도 없이, 나 자체로 존재하는 자다", 혹은 "나는 홀로 존재케 하는 자다" 라는 의미입니다. 그래서 우리 개역성경에서는 이 부분을 "스스로 있는 자" 라고 번역했습니다. 잘 번역한 것입니다.

그리고 6장에 와서 하나님의 이름을 '여호와' 라고 계시하였습니다. 다시 말해 출애굽기 3장에서 말한 의미로 볼 때, 이 말은 하나님은 '스스로 있는 자' 혹은 한 걸음 더 나아가 '다른 것도 생기게 하시는 분' 이라는 말입니다. 다른 것을 존재케 하시고, 뭔가를 되게 하시는 분이라는 것입니다.

참으로 하나님은 스스로 존재하실 뿐 아니라 모든 것을 있게 하시고, 되게 하시는 분입니다. 그래서 하나님은 해와 달과 별뿐만 아니라 우주 만물도 존재케 하셨습니다. 지금도 우리 하나님은 되게 하시는 하나님입니다. 천지는 이미 창조되었지만, 모든 우리 인생 가운데 일을 되게 하시는 하나님으로 역사하십니다.

뿐만 아니라, 하나님은 우리의 문제를 풀어 주시는 하나님입니다. 그래서 우리가 여호와 하나님의 이름을 부르고, 그 하나님을 붙들 때, 항상 안 되는 것이 되게 하시고, 맺혔던 것이 풀리게 하시며, 막혔던 것이 터지게 하시는 것입니다. 한 마디로, 모든 것을 형통케 하십니다.

♪ 그는 여호와 창조의 하나님
그는 여호와 전능의 하나님
길르앗의 향료요 반석의 하나님
그는 여호와 치료의 하나님
찬양하세 할렐루야 찬양하세 오 할렐루야
그는 여호와 전능의 하나님
그는 여호와 치료의 하나님

다윗은 이런 의미에서 하나님을 '여호와', '야웨' 라고 하였습니다.

2) 신 중의 신, 전능하신 하나님입니다.

우리 하나님은 당신께서 '신 중의 신' 이라는 사실을 보여주기 위해 애굽에서 신들을 꾸짖고 벌하셨습니다. 그리고 애굽에서 노예 생활을 하고 있었던 히브리인들을 그들의 손에서 이끌어 내셨습니다.

가나안뿐만 아니라 애굽에도 얼마나 많은 신들이 있었는지 모릅니다. 태양신 '라'(Ra)를 비롯해서 나일 강을 수호하는 신 '나이루스'(Nilus), 재생산의 여신 '헤크트'(Hekt), 땅의 신 '셉'(Seb), 신성한 수소인 가축의 신 '아피스'(Apis), 대기의 신 '슈'(Shu), 곡식의 신 '세라피스'(Serapis), 그리고 생명의 신 '프타'(Ptah) 등이 있었습니다.

하나님은 10가지 재앙을 통해서 애굽의 만신들을 꾸짖고 벌하셨습니다. 여호와 하나님만 유일하신 하나님임을 온 천하에 공표하신 것입니다. 그것이 바로 10가지 재앙이 우리에게 말하고자 하는 것이었습니다. 성경은 여호와 하나님께서 애굽의 신들을 벌하고 꾸짖으셨다고 말씀합니다.

"내가 그 밤에 애굽 땅에 두루 다니며 사람이나 짐승을 막론하고 애굽 땅에 있는 모든 처음 난 것을 다 치고 애굽의 모든 신을 내가 심판하리라 나는 여호와라"(출 12:12).

"애굽인은 여호와께서 그들 중에 치신 그 모든 장자를 장사하는 때라 여호와께서 그들의 신들에게도 벌을 주셨더라"(민 33:4).

하나님은 애굽의 여러 신들만 꾸짖으신 것이 아닙니다. 여호와 하나님은 블레셋의 수호신들도 꾸짖고 벌하셨습니다. 우리는 이스라엘이 법궤를 빼앗기는 장면에서 하나님의 놀라운 역사를 봅니다. 엘리의 가문이 하나님 앞에 올바른 모습을 보이지 못하자 하나님은 이스라엘을 블레셋의 손에 붙이셨고, 블레셋은 이스라엘을 완전히 박살내 버리고, 언약궤까지 빼앗아 옵니다.

잡신들을 벌하시는 하나님

하나님의 언약궤는 블레셋에 가서 놀라운 기적을 일으킵니다. 가는 도시마다 재앙을 일으키고 하나님의 살아 계심을 보여 주었습니다. 아스돗에 가면 아스돗에서, 가드에 가면 가드에서, 에그론에 가면 에그론에서 하나님의 무시무시한 재앙과 놀라운 기적을 보여 주었습니다.

그때 블레셋은 마지막으로 하나님의 언약궤를 다곤[6]의 신전에 둡니다. 이 말은 여호와 하나님이 다곤의 종이고, 포로라는 뜻입니다.[7] 전쟁에서 다곤이 이겼다는 의미입니다. 그런데 다음날에 보니 도리어 다곤 신상이 여호와 하나님의 언약궤 앞에 넘어져 절을 하고 있었습니다. 다곤이 이긴 것이 아니라, 여호와 하나님께서 블레셋을 통치하는 다곤을 치신 것입니다.

> "아스돗 사람들이 이를 보고 이르되 이스라엘 신의 궤를 우리와 함께 있지 못하게 할지라 그의 손이 우리와 우리 신 다곤을 친다 하고"(삼상 5:7).

언약궤가 블레셋에 온 것은 블레셋의 섬기는 신인 다곤이 힘이 세서가 아니라, 여호와 하나님이 이스라엘을 떠나셨기 때문이었습니다.

> "이르기를 영광이 이스라엘에서 떠났다 하고 아이 이름을 이가봇이라 하였으니 하나님의 궤가 빼앗겼고 그의 시아버지와 남편이 죽었기 때문이며 또 이르기를 하나님의 궤를 빼앗겼으므로 영광이 이스라엘

---

6) '다곤' (Dagon)은 블레셋이 섬기는 신이었는데, 가나안 만신전의 '엘' 의 다른 이름이었다. 가나안 만신전의 엘이 블레셋에 와서 다곤으로 변형되는 것이다.

7) 당시 고대 근동 아시아에서는 부족들간의 전쟁으로 그들이 섬기는 신의 힘을 가늠하곤 했다. 다시 말해 한 쪽이 이기는 것은 그들이 섬기는 신이 더 능력이 있기 때문에 이기는 것으로 간주한 것이다.

에서 떠났다 하였더라"(삼상 4:21-22).

이렇게 하나님은 애굽의 신들만 치신 것이 아니라 블레셋이나 가나안의 신들도 치셨습니다. 왜냐하면 하나님은 신 중의 신이시고, 왕 중의 왕이시기 때문입니다. 더구나 우리 여호와 하나님은 전능하신 하나님이십니다. '만군의 여호와' 라는 말은 '야웨 쩨바오트' 인데, 이는 '군대들의 총수', '전쟁에 능하신 하나님' 이라는 뜻입니다. 그래서 엘리야도 갈멜 산에서 이렇게 기도하지 않았습니까?

"저녁 소제 드릴 때에 이르러 선지자 엘리야가 나아가서 말하되 아브라함과 이삭과 이스라엘의 하나님 여호와여 주께서 이스라엘 중에서 하나님이신 것과 내가 주의 종인 것과 내가 주의 말씀대로 이 모든 일을 행하는 것을 오늘 알게 하옵소서 여호와여 내게 응답하옵소서 내게 응답하옵소서 이 백성에게 주 여호와는 하나님이신 것과 주는 그들의 마음을 되돌이키심을 알게 하옵소서"(왕상 18:36-37).

전지전능하고 유일하신 하나님

엘리야는 갈멜산에서 바알과 아세라의 선지자들과 영적 결투를 벌였습니다. 바알 선지자들은 거기에서 온갖 의식을 다 행하였습니다. 번제와 춤과 성행위, 그리고 바알을 위한 애도 의식인 자해 행위까지 하였습니다. 이것이 일반적인 그들의 의식 순서였습니다. 그러나 그렇게 해도 소용이 없었습니다.

그때 엘리야가 어떻게 기도합니까? 여호와가 이스라엘 중에서 참 하나님이신 것과, 자기가 하나님의 참 종임을 알게 해 달라고 기도합니다. 그리고 백성들이 그들을 회개케 하시는 하나님임을 알게 해 달라고 기도합니다. 그러자 하늘에서 불이 내려와서 그 제물을 태웁니다.

이렇게 우리 하나님은 크고 위대하시며, 항상 싸워 이기시는 하나님입니다. 바알처럼 졌다가 이겼다가, 죽었다가 살아나는 시시한 신이 아닙니다. 전쟁의 하나님이시고, 전능하신 하나님, 영원하신 하나님이십니다. 이분이 바로 우리가 섬기는 여호와 하나님이라는 사실, 바로 그것을 다윗은 고백하는 것입니다.

"여호와는 나의 목자시니 내게 부족함이 없으리로다"(시 23:1).

3) 언약의 하나님입니다.

"태초에 하나님이 천지를 창조하시니라"(창 1:1).

태초에 하나님은 천지를 창조하셨습니다. 이때 사용된 '하나님'이라는 말은 히브리어로 '엘로힘' 입니다. 이 '엘로힘' 은 '엘' 의 복수형입니다. 복수형을 사용한 것은 더 큰 위엄과 권능을 표현하기 위해서입니다. 즉, 엘로힘은 창조의 하나님이시고, 권능의 하나님이시며, 하늘의 하나님이 되십니다.

성경은 이 엘로힘의 하나님이 언약의 하나님이라는 것을 알려줍니다. 항상 하나님은 우리에게 당신이 언약의 하나님임을 보이십니다. 창세기 15장에는 하나님께서 아브람과 언약을 맺는 장면이 나옵니다. 마리 문서 등에서 확인된 바에 의하면, 언약의 당사자들은 쪼

갠 제물 사이로 손을 잡고 걸어가면서 이 언약을 어기면 쪼갠 제물 처럼 되어도 상관없다고 선언하게 되어 있습니다. 이처럼 엘로힘의 하나님은 언약의 하나님으로 스스로를 계시하시는 것입니다.

하나님은 출애굽기에 들어와서 당신께서 언약의 하나님이심을 강조하기 위해 당신의 성호를 '여호와' 라고 계시해 주십니다. 이 말은, 엘로힘 하나님은 여호와 하나님이시고, 동시에 언약의 하나님이시라는 것입니다. 하나님께서 당신의 성호를 '여호와' 로 처음 계시하는 장면에서 당신의 언약을 언급하십니다.

"하나님이 모세에게 말씀하여 이르시되 나는 여호와이니라 내가 아브라함과 이삭과 야곱에게 전능의 하나님으로 나타났으나 나의 이름을 여호와로는 그들에게 알리지 아니하였고 가나안 땅 곧 그들이 거류하는 땅을 그들에게 주기로 그들과 언약하였더니 이제 애굽 사람이 종으로 삼은 이스라엘 자손의 신음 소리를 내가 듣고 나의 언약을 기억하노라 그러므로 이스라엘 자손에게 말하기를 나는 여호와라"(출 6:2-6상).

이렇게 최초의 '여호와' 라는 성호와 '언약' 이 함께 등장하는 것을 통해 우리는 여호와 하나님이 언약의 하나님이심을 확인할 수 있습니다. 하나님이 당신의 이름을 여호와로 계시하시고 나서 반드시 가나안 땅을 이스라엘에게 주겠다고 언약하시는 것입니다.

언약의 여호와

하나님이 스스로를 '엘로힘' 이나 '엘 샤다이', '엘 엘리온' 뿐만 아니라 '여호와' 로 계시하신 것은, 하나님께서 언약의 하나님이심을 보여주는 것일 뿐만 아니라, 또한 여호와 하나님은 언약을 지키기 위해 스스로 언약 안에 당신을 제한하시는 분임도 알게 합니다. 능력이 무한하시고 전능하신 하나님께서 언약으로 자신을 제한하셨단 말입니다. 그 하나님은 언약 안에서 활동하시고, 언약을 지키시는 분입니다. 당신의 백성들과 언약을 맺으시고, 언약을 지키기 위해 그 언약 안에서 꼼짝 못하시는 분입니다.

그래서 바울은 하나님께서 만홀히, 업신여김을 받지 않는 분이라고 하지 않았습니까? 그 하나님께서 반드시 언약을 지키시고, 우리가 뿌린 대로 거두게 하신다고 했습니다.

"스스로 속이지 말라 하나님은 업신여김을 받지 아니하시나니 사람이 무엇으로 심든지 그대로 거두리라 자기의 육체를 위하여 심는 자는 육체로부터 썩어질 것을 거두고 성령을 위하여 심는 자는 성령으로부터 영생을 거두리라"(갈 6:7-8).

여기서 업신여김을 받지 않는다는 말은 헬라어로 '뮉테리제타이' 라고 기록되어 있는데 이 말은 '코웃음 치다, 조롱하다, 비웃다' 라는 말입니다. 여기서 수동태 부정문이기 때문에 하나님은 자신을 절대로 조롱받게 내버려두시지 않는다는 말입니다. 절대 자신이 비웃음 당하고 코웃음 치는 일을 당하도록 내버려두지 않는다는 말입니다.

예컨대 "저 집은 저렇게 하나님을 사랑하고 교회를 섬기는데 왜 저렇게 찢어지도록 가난하게 살아간단 말인가. 저렇게 열심히 전도하고 봉사하고 교회밖에 모르고 그렇게 예수에 미쳐 살아가는데도 저렇게 되는 일도 하나 없고 폭싹 망해서 살아간단 말인가. 참 하나님도 무심하시지. 어떻게 하나님이 살아 계시다면 저럴 수가 있단 말인가?"

하나님은 이런 말을 절대로 듣지 않으신다는 말입니다. 그런 말을 통해서 하나님이 어떤 경우에도 비웃음을 당하거나 조롱을 당하도록 내버려 두지 않으신다는 말입니다.

하나님은 반드시 이런 소리를 들으십니다.

"그러면 그렇지. 역시 저 집은 예수 잘 믿고 정말 복 받았어. 저렇게 기쁨으로 사는 걸 봐봐. 저렇게 행복하게 사는 것을 봐. 그뿐인가. 그렇게 충성하고 헌신하더니 저렇게 잘되는 것을 봐. 남편 잘 되고 자녀 잘 되고 왜 그렇게 형통한지. 정말 하나님은 살아계신가봐. 하나님은 정말 약속의 하나님이고 언약의 하나님이고 너무 너무 신실하셔서 심는 대로 거두게 하시는 분이 틀림이 없어."

하나님은 반드시 이런 소리를 들으시겠다는 말입니다. 그래서 성경은 말하지 않습니까? 사람이 무엇으로 심든지 그대로 거두리라고 말입니다.

> "사람이 무엇으로 심든지 그대로 거두리라"(갈 6:7 하).

하나님은 우리가 무엇으로 심든지 반드시 거두리라고 하셨습니다. 육체를 위하여 심는 자는 육체로부터 썩어질 것을 거두고 성령을 위하여 심는 자는 성령으로부터 영생을 얻는다고 했지 않습니까?

"자기의 육체를 위하여 심는 자는 육체로부터 썩어질 것을 거두 고 성령을 위하여 심는 자는 성령으로부터 영생을 거두리라"(갈 6:8).

여기서 자기 육체를 위하여 심는 자는 육신을 좇는 자로서 육체가 원하고 육체가 바라는 대로 사는 것을 말합니다. 이런 사람은 반드시 육체의 썩어질 것을 거둔다는 것이 아닙니까? 육체를 위해 씨를 뿌리면 반드시 썩어질 육체의 열매를 거둔다는 말입니다.

그러나 성령을 위하여 심는다는 것은 영을 좇는 자로서 성령의 요구와 성령의 감동대로 순종하며 사는 것을 말합니다. 그럴 때 그 사람은 영생의 열매를 거둔다는 말입니다.

여기서 영생이라는 말은 단순히 영원히 사는 삶을 말하는 것이 아닙니다. 그것은 하나님과 교통함으로써 얻어지는 완전한 행복의 상태를 의미합니다. 그러니까 잘 되고 형통하는 축복뿐만 아니라 하나님 앞에 정말 전적으로 만족하고 완전한 행복을 누리는 상태를 의미합니다.

그러므로 우리는 반드시 씨를 뿌리되 성령을 위해서 씨를 뿌리는 자가 되어야 합니다. 절대로 육체의 썩어질 것을 거두기 위하여 육체의 욕망과 본능을 따라서 씨를 뿌리면 안 됩니다. 육체의 씨를 뿌리면 반드시 썩어질 열매를 거둔다고 말씀하지 않습니까?

우리가 성령을 위하여 씨를 뿌리기 위해서는 우리가 먼저 긍정적인 신앙의 사람이 되어야 합니다. 바라보는 것도 긍정적이고 생각하는 것도 긍정적이고 말하는 것도 긍정적이 되어야 합니다. 그래야 우리가 성령을 위하여 씨를 뿌릴 수가 있습니다.

어떤 사람들은 바라보고 생각하는 것이 항상 부정적입니다. 주변에 정말 신앙생활 잘하고 열심히 눈물의 씨를 뿌려서 행복하게 신앙생활하고 형통하며 축복받는 사람도 많이 있는데 하필이면 어려움 당하고 시련을 당한 사람만 눈에 띄고 보인다는 말입니다. 그것을 보면서 괜히 의아심을 갖습니다.

"저 사람은 저렇게 열심히 전도하고 다니는데 왜 저 집은 폭싹 망한단 말인가. 저렇게 눈물 나게 헌신하고 충성스럽게 신앙생활 하는데 왜 저렇게 고난과 시련이 떠나지 않는다는 말인가."

그런 생각을 하던 차에 몇 사람들이 모여서 우연히 그런 이야기를 하는 것입니다. 그러면 자기도 함께 입을 맞추고 뿡짝 반주를 하게 된다는 말입니다. 그런 사람은 자기도 모르는 사이에 선악과를 따는 사람이고 부정적인 생각과 말의 노예가 되어버리고 맙니다. 바로 그런 모임이 사탄의 회요, 그 모임에서 사탄의 노리갯감이 되는 겁니다.

그러므로 우리는 먼저 긍정적인 삶을 살아야 합니다. 긍정의 사람이 성령을 따라 씨를 뿌리고 살 수 있기 때문입니다. 이 사람은 언제나 성령의 감동에 긍정적으로 따르고 순종하기 때문입니다. 우리는 긍정적인 사람, 성령의 사람이 되어야 하고 성령을 따라 씨를 뿌려야 합니다. 그 씨가 전도의 씨가 되었든지, 교회 안에서 봉사나 충성의 씨가 되었든지 그리고 어떤 눈물의 헌신과 희생의 씨가 되었든지간에 항상 성령을 따라 씨를 뿌려야 합니다.

어떤 경우에도 씨를 뿌리지 않으면 열매를 거둘 수가 없기 때문입니다. 농부도 봄에 파종하지 않으면 열매를 거둘 수가 없지 않습니까? 그래서 옛날에도 농부가 아무리 배가 고프고 먹을 것이 없어도 종자씨만큼은 먹지 않았습니다. 아무리 배고파도 반드시 먹지 않고 아껴 두었다가 나중에 씨를 뿌립니다. 그래서 그들은 배고프고 허기져도 눈물로 씨를 뿌리는 것입니다.

못자리에 씨나락을 뿌리다가 배고프다고 씨나락을 다 까 먹어버리고 쭉정이만 뿌리면 어떻게 못자리에 싹이 나고 열매를 거둘 수 있겠습니까? 감자를 심는 농부가 배고프다고 감자를 심다가 다 그것을 깎아 먹어 버리면 어떻게 감자를 거둘 수 있겠습니까? 그러니까 우리는 힘들다고 씨를 안 뿌리면 안 됩니다. 또 씨를 뿌리면서 의심을 해서도 안 됩니다.

"내가 씨를 뿌린다고 열매를 거둘 수 있단 말인가. 진짜 내가 열심히 전도한다고 하나님이 나에게 은혜를 주시고 정말로 보상을 해주신다는 말인가. 우리가 어려운 가운데 열심히 봉사하고 또 물질로 헌신한다고 하나님이 진짜로 나를 기억해 주시고 복을 주신다는 말인가?"

이런 의심을 가지면 씨를 제대로 뿌릴 수가 없습니다. 이런 사람은 씨를 뿌려도 열매까지는 기대할 수가 없습니다.

우리는 믿음으로 씨를 뿌려야 합니다. 전도의 씨를 뿌려도 믿음으로, 충성과 봉사의 씨를 뿌려도 믿음으로, 그리고 물질의 희생과 헌신의 씨를 뿌려도 믿음으로 씨를 뿌려야 합니다. 그럴 때 30배, 60배, 100배의 결실을 맺는 것입니다.

우리가 염두에 두어야 할 것은 씨를 뿌리는 것으로만 끝나지 않는다는 것입니다. 씨를 뿌리면 반드시 믿음으로 열매를 거두기까지 인내하며 기다려야 합니다. 금방 싹이 나지 않고 금방 열매를 거두지 못한다 해서 낙심하고 포기하면 안 됩니다. 낙심하고 포기를 안해야 열매를 거둔다는 것입니다.

다윗은 이처럼 끝까지 포기하지 않고 업신여김을 받지 않고 뿌리는 대로 거두게 하시는 언약의 하나님을 바라보고 기다렸습니다. 어떤 절망의 상황 가운데서도 긍정의 마음으로 하나님을 붙잡았습니다. 그리고 다윗이 이런 하나님을 여호와로 고백한 것입니다. 그래서 우리가 기도할 때 망령되이 일컫지만 않으면 여호와 하나님의 성호를 많이 부르는 것이 좋습니다.

2. 다윗은 여호와 하나님을 '목자'라고 생각합니다

"여호와는 나의 목자이십니다, 야웨 로이"(יְהוָה רֹעִי). 이 말은 사실 엄밀하게 따져 보면 하나님께 대한 불경죄일 수 있습니다. 여호와를 자신의 목자로 고백하는 것은 하나의 불경죄일 수 있는데, 당시에 목자가 대단한 신분이 아니었기 때문입니다.

이것은 파격적인 표현이요, 어떤 의미에서 하나님을 모독하는 죄가 될 수도 있는 것이었습니다. 아마 당시에 바리새인과 서기관들이 있었다면 다윗을 정죄하고도 남았을 것입니다.

그러나 다윗은 여호와를 자신의 목자라고 표현함으로써, 하나님과 자신의 관계를 매우 친밀하고 은밀하며 개인적인 관계로 묘사하고 있습니다.

그러면 왜 다윗이 이런 구체적이고 파격적인 표현을 써야 했을까요? 그것은 다음 장에서 살펴보도록 하겠습니다.

2장

부족함 없는 삶

여호와는 나의 목자시니 내게 부족함이 없으리로다

(시 23:1)

2장 부족함 없는 삶

우리는 앞 장에서 여호와 하나님께서 우리의 목자가 되심을 고대 근동의 여러 가지 배경 속에서 살펴보았습니다. 특별히 천지를 창조하신 전능하신 엘로힘의 이름 대신 여호와로 우리에게 계시해 주신 하나님은 당신의 언약을 백성들과 맺으시는 언약의 하나님이시고, 또한 목자가 되심으로써 당신의 양들을 푸른 초장과 쉴 만한 물가로 인도하시는 자비하신 하나님입니다.

다윗이 시편 23편을 기록할 당시 고대 근동 아시아 지역에서는 수많은 잡신들을 숭배하고 있었습니다. 애굽과 가나안을 비롯하여 앗수르, 암몬, 모압, 바벨론 등 주변 국가들에서는 거짓된 신화를 바탕으로 하나님을 대적하는 우상들을 숭배하고 있었습니다. 특별히 가나안의 바알 종교는 당시 대표적인 우상 종교였는데, 바알이 하늘의 비와 가축의 생육과 번성을 관장한다고 널리 알려져 이스라엘의 여호와 종교에 큰 위협이 되었습니다.

고대 근동의 문화와 여호와 하나님

지금도 그렇지만 당시에도 먹고 사는 문제는 백성들의 가장 큰 문제였습니다. 그런데 이 문제를 바알이 해결해 준다고 하니 적지 않은 사람들이 거기에 빠져 미혹되었던 것입니다. 이스라엘 백성들도 예외 없이 이 종교의 유혹에 빠져 극악한 우상 숭배의 죄를 짓고 있었습니다.

특별히 우리가 여기에서 유의해야 할 점은, 이스라엘 백성들이 근본적으로는 여호와 하나님을 배반하지 않으면서도 바알을 섬겼다는 사실입니다. 바로 양다리 걸치기입니다. 비가 오지 않으면 바알 신전에 가서 바알 제의에 참여하고, 전쟁이 나면 여호와 하나님을 찾는 것입니다. 이것이 바로 질투하시는 여호와 하나님이 가장 싫어하는 우상 숭배였습니다.

하나님은 여호수아와 엘리야 등 선지자들을 통해 이 문제를 통렬하게 지적하면서 비판하셨습니다. 그들은 가나안의 잡신들과 여호와 하나님 사이에서 선택해야 했습니다. 왜냐하면 참 신은 둘이 될 수 없기 때문입니다.

하나님은 참 신은 오직 여호와라는 이 절대적인 사실을 이스라엘에게 알려주기를 원하셨습니다. 그래서 출애굽 때와 블레셋에 법궤가 빼앗겼을 때 이방의 잡신들을 제압하는 모습으로 이스라엘 백성들에게 당신을 계시하셨습니다. 하나님은 애굽의 제신(諸神)들을 모조리 무릎 꿇리시고, 블레셋의 다곤도 굴복시키셨던 것입니다. 이런 상황에서 다윗은 유일하신 하나님, 참 신은 여호와뿐이심을 선언하는 것입니다.

또한 다윗은 여호와 하나님을 목자로 칭합니다. 이것은 너무나 친밀하고 개인적인 관계를 표현하는 파격적인 말이 아닐 수 없습니다. 당시 목자가 존경받는 시절도 아니어서 어떤 면에서 신성 모독이 될 수도 있는 이런 표현을 굳이 써가면서 하나님을 묘사하고자 했던 다윗의 의도는 무엇이었을까요?

이제 두 번째 장에서 우리는 왜 다윗이 이런 구체적이고 파격적인 표현을 썼는지에 대해 살펴보고자 합니다.

모든 필요를 채워 주시는 분

양은 목자가 없으면 존재할 수 없습니다. 아마 양은 돌봐 주는 인간이 없었다면 벌써 멸종당하고 말았을 것입니다. 양이 이빨이 있습니까? 발톱이 있습니까? 그렇다고 달리기를 잘합니까? 양은 스스로 길을 찾아다닐 수 있는 능력이 없습니다. 목자가 돌보지 않으면 당연히 죽을 수밖에 없는 동물입니다. 목자는 양의 모든 필요를 공급해 주고, 양의 모든 것을 책임져 줍니다. 다윗이 베들레헴에서 목동 생활을 해봐서 이 사실을 잘 알고 있었습니다.

그런데 다윗도 하나님을 자신의 모든 필요를 채워 주시는 목자로 표현하는 것입니다. 다윗도 하나님이 도와주시지 않으면 죽을 수밖에 없었습니다. 사울에게 쫓겨 다닐 때, 광야에서 유랑 생활을 할 때도 하나님이 도와주셨습니다. 하나님이 보호해 주시고 인도해 주셨기에 오늘의 자신이 있다고 고백하는 것입니다. 오늘의 다윗은 하나님의 도우심으로 있게 된 것입니다.

광야에서 유랑할 때 다윗은 길을 잃고 헤매는 한 마리 양과 같았습니다. 그리고 자신을 잡으러 오는 사울은 맹수와 같았습니다. 하나님은 다윗의 신령한 목자가 되어 주셔서 필요를 채워 주시고 죽고 사는 모든 것을 책임져 주셨습니다. 그래서 "여호와는 나의 목자"라고 고백하는 것입니다.

이것은 오늘 우리에게도 적용됩니다. 하나님은 우리의 모든 필요를 채워 주시는 분입니다. 우리의 건강, 자녀, 직장 문제 등 다 책임져 주시는 분입니다. 우리 미래의 운명까지 다 책임져 주십니다.

저는 집에서 쫓겨나 고학으로 신학교를 다녀야 했기에 가난과 배고픔에 시달려야 했습니다. 수박장사 오이장사 할 것 없이 온갖 고생을 다하며 신학교를 다녔습니다. 학비는 장학금을 받아서 보충을 할 수 있는데 생활비는 항상 부족할 수밖에 없었습니다. 그래서 신학교를 다닐 때 120원짜리 식권을 살 돈이 없어서 밥을 못 먹을 때가 많았습니다.

하루는 돈이 없어서 밥도 못 사먹고 점심시간이 되어 예배실에 올라가 기도를 하고 있었습니다. 괜히 120원짜리 식권이 없어서 굶고 있는 내 모습이 처량하기도 하고 초라하기도 해서 그냥 앉아서 기도를 하려니 눈물이 하염없이 흘러내렸습니다.

"주님! 저 배가 고파요, 정말로 배가 고파요. 저에게 먹을 것을 좀 주세요."

이렇게 기도하고 있으면 어떻게 아셨는지 그 당시 교무처장이셨던 박종삼 목사님께서 제게 오셔서 그 당시로서는 참 큰돈이었던 5천 원, 만 원, 심지어는 2만 원까지 주시면서 "강석아, 굶으면 안 된다. 책을 못 사보는 한이 있더라도 굶지 말고 꼭 밥을 먹어라"고 하셨습니다. 저는 그 돈으로 밥을 사먹는 대신 책을 사서 보기도 하고, 때로는 울먹이며 밥을 사먹기도 하면서 마음으로 목사님의 참 사랑을 느꼈습니다. 이처럼 하나님은 부족할 때마다 채워주셨습니다.

화순에서 백암교회를 개척할 때도 마찬가지입니다. 온갖 박해와 핍박을 받으면서도 포기하지 않고 하나님께 매달리며 교회를 짓게 해 달라고 기도하였습니다. 그런데 마침 마을에 사는 어떤 사람이 땅을 내놓은 것입니다. 그때 당시 땅을 사려고 백 몇십만 원 모아 놓은 것이 있었는데 이것을 사기당하고 말았습니다.

저는 귀가 얇고 마음이 넓어서 은행에 두려고 했는데 신학생 전도사 하나가 성화사업을 했다는 집사님이 있는데 잠시 빌려주면 높은 이자를 쳐서 주겠다고 하는 것입니다. 그래서 빌려 주었는데 그 사람이 먹고 튀어 버린 겁니다. 세상에 떼어 먹을 것이 없어 그것을 떼어 먹습니까? 그 당시 정말 큰돈이었습니다. 그런데 그 돈을 떼인 지가 1년이 넘었습니다.

그러니 땅을 사려고 하는데 돈이 있습니까? 땅을 내놓았을 때 빨리 사야 하는데 돈이 없는 것입니다. 그래서 제가 우리 교회 집사님들을 모아놓고 "빨리 돈을 만들어 보세요"라고 하였습니다. 저는 특징이 하나 있습니다. 그것은 돈이 없어도 만들어 오라고 명령을 할 줄 안다는 것입니다. 제가 사리사욕이 없고 돈이 생기면 전부 교회에 바치고, 집사님들에게 다 선물을 사주었기 때문에 돈 갖고 오라고 말할 수 있었습니다.

그런데 집사님들이 "당장 가진 돈이 없다"는 것입니다. 그래도 막무가내로 말했습니다.

"제가 기도할 테니 무조건 가 보십시오. 당장 가십시오. 제 말을 믿고 무조건 가십시오."

그때 손병애 집사라는 분이 어느 집을 찾아갔습니다. 능주 장날인데 그날 집사님의 친구가 소를 한 마리 팔고 와서 소 판 돈을 세고 있는 것입니다.

옛날에는 소를 팔면 그곳에서도 세고 집에 가서 또 세어 보았습니다. 소 팔고 돈 세고 있는 사람은 손 집사님하고는 둘도 없는 친한 친구였습니다. 그때 70-80만 원 정도 되었는지 모르겠습니다. 그래서 손 집사님이 "어이, 나도 돈 좀 한번 세어보세" 하면서 돈을 가져다가 "나 잠깐 쓰고 몇 주 후에 갚을게" 하고는 그 돈을 가지고 저에게 와 버린 것입니다.

당시 땅 주인이 광주에서 다방을 하고 있었는데 당장 손 집사가 가져온 그 돈을 가지고 가서 땅을 계약해 버렸습니다. 그리고 그 땅을 산 바로 이듬해에 예배당을 지었습니다. 그때 땅 주인의 마음이 언제 변할지 모르지 않습니까? 나중에 마음 변해서 안 팔면 끝나는 것입니다. 그래서 그날 저녁에 바로 계약을 해버렸습니다.

만약 그 돈이 없었다면 계약도 못하고 예배당을 짓지도 못했을 것입니다. 아무리 친한 사이라지만 돈 꿔달라고 해도 없다고 하면 빌릴 수도 없지 않습니까? 그런데 어쩌면 그때 마침 손 집사님의 친구가 소 판 돈을 세고 있었느냐 이 말입니다. 물론 몇 달 뒤에 그 돈을 갚았습니다만, 그때 그 사건을 생각하면 저는 절묘한 하나님의 타이밍을 생각하지 않을 수 없습니다.

이처럼 하나님은 언제나 가장 절묘한 타이밍에 우리를 부족함 없이 돌보아 주시고 채워주시는 하나님입니다.

친밀하신 하나님

양과 목자는 한 운명 공동체에 속해 있습니다. 양이 있는 곳에는 목자가 있고, 목자가 있는 곳에는 양이 있습니다. 이스라엘의 목자는 양들에게 이름을 다 지어 준다고 합니다. 그리고 양은 목자의 음성을 알기에, 목자가 이름을 부르면 양이 실제로 목자에게 다가온다고 합니다. 그런데 자기 목자가 부르면 오지만, 다른 사람이 부르면 안 옵니다. 양과 목자는 이렇게 친밀하고, 깊이 신뢰하며 사랑하는 관계입니다.

목자는 아픈 양이 있으면 그 양을 안고 같이 잔다고 합니다. 누린내 나는 양을, 씻지도 않은 더러운 양을 데리고 함께 잠을 잡니다. 이렇게 양과 목자는 한 가족이나 다름이 없습니다.

애완용 개가 주인의 방에 들어오는 것처럼, 아픈 양은 목자의 잠자는 곳에 와서 목자 옆에 눕는다고 합니다.

양이 목자에게 와서 이렇게 하지 않습니다.

"안녕하십니까? 밤새 잘 주무셨는지요? 진지는 드셨습니까? 시간 좀 있으신지요? 잠깐 들어가도 되겠습니까? 실례 좀 하겠습니다!"

이렇게 하지 않습니다. 그저 몸이 안 좋으면 "매에~~" 하고 목자 옆으로 기어 들어옵니다.

양은 목자에게 자신의 감정을 표현하고, 언제든지 필요한 것을 말합니다. 배고프면 "배고파~~", 목마르면 "목말라~~", 힘들면 "힘들어~~" 그렇게 자신의 감정을 가감 없이 표현합니다. 이것이 바로 목자와 양의 관계입니다.

저의 아버님은 대종가집의 14대 장손이셨기 때문에 무척 완고하셨고, 그래서 자연히 저희 집은 유교적인 가풍이 강했습니다. 저는 아버지와 친근하게 지내고 싶었습니다. 그러나 아버지는 평생에 단 한 번도 부드럽고 인자한 아버지의 모습을 제게 보여 주시지 않았습니다. 그래서 저에게는 소원이 하나 있었습니다.

워낙 어린 시절부터 엄하게 교육받고 자라서 아버님을 온천에 모시고 가서 때를 밀어드리며 부자지간에 사이좋게 시간 좀 보내는 것이 저의 큰 소원이었습니다. "아버님! 하체가 끝내주시네요" 라고 말도 하며 때 좀 밀어 드리고 싶었습니다. 그런데 아버님이 함께 온천에 가서도 맨날 도망 다니는 것입니다. 왜냐면 아들에게 하체를 안 보이려고 그러시는 겁니다.

아버님은 아들에게 하체를 보이는 것이 최고의 수치라고 생각하시는 분이었습니다. 상놈들은 함부로 보여주지만 양반은 절대로 보여줘서는 안 된다는 것입니다. 그래서 목사 아들에게도 안 보여주려고 수건으로 하체를 항상 가리고 도망 다니셨습니다. 사실은 옆에서 제가 다 봤는데 아버님은 그것도 모르고 도망 다니셨습니다. 결국 저는 아버님 등 한 번도 못 밀어 드렸습니다. 이처럼 아버지는 끝까지 완고하고 엄한 모습으로 제 곁을 떠나셨습니다.

그래서 저는 아들을 낳으면 정말 친구처럼 가깝고 격의 없이 지내야겠다고 생각했습니다. 실제로 저는 아들과 완전히 친구 이상으로 가깝게 허물없이 지냅니다. 얼마나 아들에게 편하게 대해주는지 모릅니다. 심지어 어느 날에는 학교를 마치고 집으로 돌아오기에 "왕자 마마 오십니까?" 했더니 이 녀석이 저에게 "오냐" 하는 것입니다.

그래서 제가 "이놈아, 아무리 그래도 아버지한테 오냐 하면 돼냐?" 그랬더니 "아빠, 그냥 장난 한 번 쳐 봤어" 그럽니다. 그 정도로 저는 아들과 장난도 치고 농담도 하고 매우 가깝게 지냅니다. 그러니까 아들도 저를 무척 좋아하고 잘 따르는 것입니다.

오늘 우리도 하나님과의 관계에 있어서 목자와 양처럼 친밀한 관계를 가져야 합니다. 주님께 기도할 때도 너무 격식을 따질 필요가 없습니다. "돈 주세요! 힘듭니다! 배고파요! 승진시켜 주세요! 건강 주세요! 밥 주세요!" 어떤 면에서는 이렇게 편하게 기도해야 합니다. 하나님께서 우리의 아버지가 되시고, 목자가 되시기 때문입니다.

하나님과의 인격적인 관계

바알 종교와는 달리 야웨 종교는 개인적인 관계를 소중하게 생각합니다. 바알 종교는 인격적 관계나 도덕적인 관계가 없습니다. 무조건 다산과 풍요를 중시합니다. 그들에게는 물질적인 것이 전부입니다. 결국 바알 종교의 목표는 쾌락입니다.

그러나 여호와 하나님은 우리와 인격적인 관계를 맺어 주시는 분입니다. 그분은 우리를 물질적인 풍요나 쾌락이 아닌, 참된 관계로 이끌어 주시는 좋으신 하나님입니다. 그래서 다윗이 하나님을 목자로 표현하는 것입니다.

우리도 다윗처럼 하나님과 이와 같은 양과 목자의 관계를 맺어야 합니다. 제 아들 성균이도 돈이 필요할 때만 저를 찾는 것이 아닙니다. 무슨 백이 필요할 때만 저를 찾는 것이 아닙니다. 힘들고 어려운 일이 있을 때, 누구와도 이야기할 수 없는 깊은 고민과 문제가 있을 때 전화를 하고 이야기를 하며 함께 아픔을 나눕니다.

기쁘고 좋은 일이 있을 때도 가장 먼저 함께 기쁨을 나누고 즐거워합니다. 함께 웃고 함께 울고 함께 위로하며 아버지와 아들의 삶을 살아가는 것입니다. 이것은 계산적인 관계가 아닙니다. 제도적인 관계가 아닙니다. 아버지와 아들로서의 인격적인 관계입니다. 이것은 어느 누구도 대신할 수 없는 세상에서 가장 아름다운 관계입니다.

뿐만 아니라 목회자와도 이런 아름다운 관계를 맺어야 합니다. 인격적인 관계뿐만 아니라 아름다운 목양의 관계가 이루어져야 합니다.

1. 여호와를 나의 목자로 삼을 때 어떻게 됩니까?

한마디로 '부족함이 없다' (로 에흐사르 לֹא אֶחְסָר)고 했습니다. 부족함이 없다는 말이 무슨 뜻입니까? 모든 것에 만족한다는 말입니다. 모든 것이 만족스러우니까 행복할 수밖에 없습니다. 부러울 것도 없습니다. 남을 시샘할 필요도 없습니다. 남과 비교하지 않아도 됩니다. 남의 것에 기웃거릴 필요도 없습니다. 양은 목자 하나로 만족합니다.

다윗은 목동 생활을 해봐서 잘 알고 있습니다. 목자는 양들을 이렇게 행복하게 해줍니다. 그런데 지내 놓고 보니 하나님이 자신의 목자였다는 것입니다. 특별히 사울에게 쫓겨 다니면서 광야 생활을 할 때, 진실로 하나님은 자신의 목자가 되어 주셨습니다. 사울과 그의 군사들이 자기를 잡으려고 할 때, 하나님이 다 막아 주시고 보호해 주셨습니다.

따라서 다윗은 하나님 한 분 때문에 행복한 삶을 살 수 있었습니다. 아무리 힘들고 어려워도 사울이 부럽지 않았습니다. 샘나지도 않았습니다. 왜냐하면 사울에게는 하나님이 없었기 때문입니다. 사울에게는 하나님이 목자가 되어 주지도 않았고, 그와 함께하지도 않았기 때문입니다.

그러나 다윗은 하나님이 함께하십니다. 하나님이 그의 목자가 되어 주십니다. 그러니 그것 하나만으로도 다윗은 행복한 것입니다. 그는 하루 종일 쫓겨 다니느라 지치고 힘들어도 저녁이 되면 하나님의 품에서 잠들 수 있었습니다. 그렇게 행복하고 부족함이 없는 마음속에 오직 하나님 한 분만으로 만족한 것입니다. 마치 아픈 양이 목자의 품에서 잠들듯이, 어린아이가 엄마의 품에서 만족하고 행복한 마음으로 젖을 빨듯이, 다윗은 하나님 자체로만 만족하였습니다.

다윗은 하나님의 은혜를 젖과 꿀로 비유하여 표현했습니다.

"주의 말씀의 맛이 내게 어찌 그리 단지요 내 입에 꿀보다 더 다니이다"(시 119:103).

젖은 어린아이에게 생명의 근원입니다. 어린아이는 젖이 없으면 살기가 어렵습니다. 요즘이야 모유를 많이 안 먹이고 다른 것으로 대체하니까 그 중요성을 잘 모르지만 옛날의 아기들은 오직 모유만을 의지하며 자랐습니다. 아무리 배고프고 지쳐서 우는 아이도 엄마가 품에 안고 젖꼭지를 물려주면 울음을 뚝 그치고 젖을 먹으며 세상에서 가장 행복한 표정을 짓습니다.

이처럼 우리의 목자 되신 하나님께서는 우리에게 젖과 같은 은혜를 주십니다. 그래서 목자의 품에 안기면 너무나 포근하고 따뜻하게 느껴집니다. 세상 모든 염려는 잊어버리고 사랑과 평화와 행복만을 깊이 느낍니다.

또한 하나님의 은혜는 꿀송이와 같다고 하였습니다. 옛날 우리 어린 시절에는 꿀이 얼마나 귀했습니까? 엿도 귀하고 설탕은 꿀 다음으로 귀한 것이었습니다. 그래서 명절이 되면 설탕은 귀한 선물에 속했습니다. 심지어는 사카린, 당원 같은 것도 귀했습니다. 그래서 양푼에 탄 사카린 물을 아버지부터 시작하여 순서대로 온 가족이 차례를 기다렸다 마셨던 시절이 있었습니다. 그때는 옥수수줄기도 베어서 껍질을 까서 씹어 먹었습니다. 거기에서 나오는 단물이 정말 달콤하여 빳빳한 줄기를 먹다가 입술을 베도 아랑곳하지 않고 흡족한 표정을 지으며 먹었습니다.

그때는 꿀이 너무나 귀해서 감히 먹어볼 수도 없었기에 꿀 대신 다른 대체 식품으로 단물을 먹은 것입니다. 꿀이 얼마나 귀했으면 제가 어렸을 때는 꿀 대신 꿀벌을 잡아먹었겠습니까? 검은 고무신짝을 벗어서 꿀벌이 앉은 곳에 살금살금 다가가서 재빨리 꿀벌을 훔칩니다. 그리고는 재빠른 동작으로 일곱 바퀴 정도를 돌린 다음에 땅바닥에 내던집니다. 그러면 벌이 정신을 못 차리는데 그 순간 얼른 잡아서 침을 잘 뺀 다음에 꽁지를 쪽쪽 빨아먹습니다. 그 약간의 단맛을 보기 위해서 말입니다.

그때 제 친구 중에 조금 어수룩한 한 아이가 이 방법을 듣고 침을 뺀다는 게 그만 털을 뽑고 빨아먹어서 혓바닥이 주먹만큼 커져 된통 고생하고 친구들의 놀림을 받은 적이 있었습니다. 그럼에도 불구하고 그 일이 있은 지 일주일 만에 그 친구는 다시 벌을 찾아 여기저기를 고무신짝 들고 헤매고 다녔습니다. 꿀맛이 얼마나 그리웠으면 그리했겠습니까.

하물며 이 성경이 기록된 3000-3500년 전에 꿀은 얼마나 귀한 식품이었겠습니까? 그렇게 꿀이 귀하던 때이니 그 맛은 또 얼마나 달콤했겠습니까? 아마도 그 시절 가난한 사람이 꿀을 한번 맛보면 그 맛에 취해 꿀 먹은 벙어리가 되어 버렸을 것입니다.

이처럼 목자 되신 하나님이 주신 은혜는 꿀과 같았습니다. 그러므로 하나님의 꿀 같은 은혜, 꿀 같은 축복을 일단 경험하고 나면 우리는 꿀 먹은 벙어리가 되어 버립니다. 할 말을 잃어버립니다. 세상의 모든 것은 헛된 것이 되어 버립니다.

바울도 마찬가지입니다. 바울이 하나님의 참된 복음과 은혜를 발견하고 나서는 세상의 모든 학문과 지식을 배설물로 여긴다고 고백하지 않습니까?

"또한 모든 것을 해로 여김은 내 주 그리스도 예수를 아는 지식이 가장 고상하기 때문이라 내가 그를 위하여 모든 것을 잃어버리고 배설물로 여김은 그리스도를 얻고"(빌 3:8).

왜 그렇습니까? 하나님의 은혜만으로 충분하기 때문입니다. 부족함이 없기 때문입니다. 그래서 세상의 지식과 학문, 명예와 권력은 다 부질없는 배설물에 불과합니다. 오직 그리스도를 얻고 더 얻기 위하여 달려가는 것입니다. 그런 의미에서 바울 또한 하나님을 자신의 목자로 삼고 살았던 사람입니다.

양은 목자 때문에 100퍼센트 행복하고 만족합니다. 그래서 다윗은 광야에서 하나님 품에 안긴 한 마리 양으로 살았습니다. 그리고 유대 광야와 골짜기에 메아리가 되도록 많은 노래를 부르고 시를 지었습니다.

"천만 인이 에워싸도 나는 하나님의 품에서 평안히 잠을 잘 것입니다."

> "천만 인이 나를 에워싸 진 친다 하여도 나는 두려워하지 아니하리이다"(시 3:6).

다윗은 아무리 힘들고 어려워도 여호와 하나님의 품 안에서 편히 쉴 수 있었습니다. 아무리 고단하고 힘들고 어려워도 주의 품에서 고이 잠들 수 있고, 아무 걱정 없이 행복하고 만족한 잠을 잘 수 있었습니다. 바로 주의 품속에는 사랑과 평화가 가득하기 때문입니다. 주의 품속은 참된 평안과 안식으로 가득 차 있기 때문입니다.

♪ 주님께 엎딘 내 영혼 간절히 비는 말씀은
자비의 품을 여시사 영원한 평화 주소서
주의 품속은 사랑과 평화 주의 품속은 사랑과 평화
오 생명 빛 환히 빛나고 기쁨 영원하오니
주여 날 품어주소서

무서운 광풍 일어나 물결이 거칠어 올 때
구원의 품을 여시사 내 영혼 품어 주소서
주의 품속은 사랑과 평화 주의 품속은 사랑과 평화
오 생명 빛 환히 빛나고 기쁨 영원하오니
주여 날 품어주소서

3장

푸른 초장, 쉴 만한 물가

그가 나를 푸른 풀밭에 누이시며 쉴 만한 물 가로 인도하시는도다

(시 23:2)

3장 푸른 초장, 쉴 만한 물가

다윗은 왜 하나님을 목자로 표현했을까요? 그것은 자기 경험으로부터 우러나온 표현이었습니다. 이스라엘 백성들은 족장 시대부터 유목민으로 살아왔습니다. 다윗도 목동이었습니다. 목동이다 보니 양과 목자의 관계를 누구보다도 잘 알고 있습니다. 바로 그 목자의 경험을 통해 그는 자연스럽게 하나님을 목자라고 노래했던 것입니다.

1. 양과 목자의 관계

1) 양은 목자가 없으면 절대로 살아갈 수 없습니다

양은 혼자 살 수 없습니다. 목자가 없었더라면 아마 멸종되었을 것입니다. 양에게 목자의 도움과 보호는 사느냐, 죽느냐 하는 생존의 문제입니다. 양에게는 목자가 있어도 되고 없어도 되는 그런 존재가 아닙니다. 반드시 목자가 있어야만 살 수 있습니다.

양은 목자가 도와주지 않으면 죽습니다. 그러나 목자가 양을 보호하고 도와주면 살 수 있습니다. 왜냐면 양은 목자가 없으면 절대로 살아갈 수가 없기 때문입니다. 그래서 양과 목자의 관계는 결코 뗄 수 없는 관계입니다. 목자가 없으면 양도 없습니다. 그만큼 양에게 있어 목자는 생명의 젖줄이요, 근원적 존재입니다.

그러면 왜 양은 반드시 목자가 있어야만 살 수 있습니까?

(1) 양은 위험한 곳이 있어도 피해 갈 줄 모릅니다.

양의 눈은 근시입니다. 불과 15미터 앞을 잘 보지 못한다고 합니다. 바로 코앞에 낭떠러지가 있어도 못 보고 앞으로 간다는 것입니다. 코앞에서 맹수가 노려보고 있어도 모르니 얼마나 답답한 노릇입니까? 그래서 성경을 보면 이런 표현이 있습니다.

> "우리는 다 양 같아서 각기 제 길로 갔거늘"(사 53:6).

여기서 '제 길' 이라는 말은 '멸망의 길' 을 말합니다. 양이란 목자가 없으면 멸망의 길로 가고 맙니다. 낭떠러지에 떨어지든지 맹수에게 잡히든지 합니다. 그런데 우리도 어리석은 양 같아서 각기 멸망의 길로 간다는 것입니다. 우리도 한 치 앞을 보지 못해서, 그 길이 망하는 길인지 흥하는 길인지 분간을 못합니다.

다윗은 특별히 더 그랬습니다. 사울로부터 쫓겨 다니면서 광야 어디에 숨어야 할지를 몰랐습니다. 잘못 숨었다가 사울에게 발각되면 당장 잡혀 죽습니다. 그때 하나님이 목자가 되어 주신 것입니다. 항상 하나님이 피난처와 방패, 요새가 되어 주신 것입니다.

우리도 마찬가지입니다. 우리가 멸망의 길로 갈 수밖에 없을 때, 하나님은 우리를 간섭하셔서 항상 좋은 길로 인도해 주십니다.

(2) 양은 눈이 안 좋아서 길을 잘 찾을 수가 없습니다.

양은 눈도 안 좋고 어리석기에 한 번 길을 잃어버리면 절대로 다시 찾을 수가 없습니다. 다윗은 자기가 목동 생활을 하면서 겪었던 일을 생각해 보니, 자기 인생이 결국 양 같은 인생이었다는 것을 깨달았습니다. 특별히 광야에서 하나님이 자기를 돌보아주시지 않았다면 반드시 사울이라는 맹수에게 잡혀 죽었을 것입니다.

십 황무지라는 곳에서 그는 길을 잃고 방황했고, 엔게디 황무지에서도 얼마나 방황했는지 모릅니다. 그때 하나님께서 다윗을 도와주시고 인도해 주셨습니다. 그래서 다윗은 하나님을 자기 목자라고 고백하는 것입니다.

(3) 양은 동물 중에서 제일 겁이 많은 동물입니다.

다른 동물들은 맹수들이 접근해 오면 잡힐 때 잡히더라도 죽어라고 도망갑니다. 조그마한 토끼도, 사슴도, 염소도 도망갑니다. 그러나 양은 맹수가 오면 겁이 나서 아예 도망갈 생각을 못합니다. 으르렁대는 맹수 앞에서 "메에~~" 하고 울다가 그대로 먹히고 맙니다.

양은 목자가 반드시 지켜 주어야 살아갈 수 있습니다. 우리 인간도 이 양처럼 겁이 많은 존재입니다. 죽을 일도 아니고 완전히 망할 일도 아닌데 호들갑을 떨고 난리입니다. 잠깐 동안 아이를 잃어버려도 난리고, 감기에 걸려도 난리입니다.

다윗에게도 두려움이 있었을 것입니다. 그러한 위기 때마다 하나님은 다윗과 함께하시면서 다윗을 구해 주시고 인도해 주셨습니다. 그래서 그는 하나님을 '목자'로 고백했던 것입니다.

(4) 양은 배가 고프면 분별없이 아무 것이나 먹습니다.

배가 고픈 나머지 먹어서는 안 될 독초를 먹습니다. 심지어는 나무뿌리까지 먹고, 요즘은 관광객들이 버리고 간 플라스틱 병도 먹는다고 합니다. 그것 때문에 창자가 파열되어 죽을 수도 있습니다. 그래서 양에게는 목자가 필요합니다.

우리도 이런 양 같은 존재입니다. 분별력이 없어서 사지(死地)에 들어가고, 그곳에서 사고를 당하고, 죽기도 합니다. 그래서 우리가 하나님을 목자로 삼는 것입니다.

우리는 하나님을 목자로 삼을 뿐만 아니라, 언제나 목자 되신 하나님을 따라야 합니다. 목자 되신 하나님의 인도하심과 이끄심을 따라야 합니다. 이런 의미에서 다윗은 여호와를 목자라고 고백하고 따랐던 것입니다.

(5) 양은 철저히 목자 의존적입니다.

양은 절대로 스스로는 살아갈 수 없는 무력한 동물이기 때문입니다. 목자에게 의존하지 않으면 언제든지 죽을 수 있습니다. 맹수가 없더라도 웅덩이에 빠져서 죽거나 독초를 먹고라도 죽습니다. 다윗은 목동 생활을 해 봐서 이 사실을 잘 알고 있었습니다. 그래서 하나님을 목자라고 노래했던 것입니다.

가끔 양들 가운데 목자를 따르지 않고 무리에서 이탈하는 양들이 있습니다. 호기심이 많아서 튀는 행동을 하는 것입니다. 이런 양들은 십중팔구 웅덩이에 빠지거나 낭떠러지에 떨어집니다. 또 맹수에게 먹힙니다.

성도들도 마찬가지입니다. 호기심 많은 사람들이 공동체 중심에서 있지 않고 교회 주변이나 변방에 있다가 이탈하고, 맹수에게 먹힙니다. 그래서 사명과 직분을 버리고 방황합니다.

뿐만 아니라 호기심이 지나치게 많으면 아예 주일에 교회에 안 나오고 다른 곳에 놀러 갑니다. 십일조도 빼먹고 그 돈 가지고 다른 곳에 가는 것입니다. 또 신앙생활의 기쁨보다 세상의 기쁨을 추구합니다. 그러다 마귀에게 붙들려서 큰 고난을 당하는 것입니다.

그러므로 우리는 하나님을 더 의지해야 합니다. 철저하게 의존해야 합니다. 그래서 다윗이 하나님을 나의 목자라고 노래했던 것입니다.

♪ 여호와 나의 목자 내게 부족 없네
푸르른 초장 위에 나의 몸 누이시네
선한 목자 오 나의 목자여
생수가 넘치는 곳 날 인도하시네

2) 양에게 있어서 목자는 하나님과 같습니다

(1) 목자는 양의 모든 것을 책임집니다.

목자는 양을 요람에서 죽음에 이르기까지 모든 것에 대해 책임을 집니다. 목자는 양의 털도 깎아 주고, 젖을 짜 주며, 유월절이 오면 양을 죽이기도 합니다. 그래도 양들은 목자 앞에서 전혀 반항하지 않습니다. 젖을 짜도 귀찮아하거나 아프다고 반항하지 않습니다. 심지어 양들은 목자가 자기를 죽이려는 것도 다 안다고 합니다. 그래도 반항하지 않습니다.

"그가 곤욕을 당하여 괴로울 때에도 그의 입을 열지 아니하였음이여 마치 도수장으로 끌려가는 어린 양과 털 깎는 자 앞에서 잠잠한 양같이 그의 입을 열지 아니하였도다"(사 53:7).

이처럼 목자는 요람에서 죽음에 이르기까지 양의 모든 것을 책임집니다. 이것을 양도 알기에 반항하지 않고 잠잠히 순종하는 것입니다. 그러니 양에게 목자는 하나님과 같다고 할 수밖에 없습니다.

(2) 양은 목자 때문에 살고, 목자는 양 때문에 삽니다.

목자는 자기 양을 위해 목숨까지 내놓을 정도로 사랑합니다. 양을 자기 가족처럼 여깁니다. 그러니 양이 살 수 있는 것입니다. 동시에 목자도 양 때문에 삽니다. 젖을 짜서 그것으로 먹고사는 것입니다. 한 마디로 양은 목자 때문에 살고, 목자는 양 때문에 삽니다.

목자는 양의 털을 깎을 때도 민망스러울 정도로 바짝 깎아 버립니다. 젖도 안 나올 때까지 야박하게 짜 버립니다. 때로는 양을 잡아 죽이기도 합니다. 어차피 양은 영원히 사는 것이 아니므로 때가 되면 양을 죽입니다.

지금도 유대 광야에서는 양이 30-40마리만 있어도 목동이 사는 데 별 어려움이 없다고 합니다. 양이 털을 제공해 주고, 젖을 제공해 주고, 고기도 제공해 주니, 문제없이 살 수 있습니다. 지금도 베두인 목동들은 현대 문화에 동화되지 않고도 양 40마리 정도로 사는 데 지장이 없습니다.

이처럼 양은 목자 때문에 살고 목자는 양 때문에 삽니다. 그래서 다윗이 하나님을 나의 목자라고 표현하고 노래했던 것입니다.

(3) 목자와 양의 관계는 유기적이고 개인적인 관계입니다.

실제로 양이 100마리, 200마리라고 하더라도 목자는 양들에게 이름을 다 지어 줍니다. 왕눈이, 깜박이, 양순이, 양돌이, 양철이, 양호……. 그러면 양들은 다 자기 이름을 알고, 또 자기 목자의 음성을 압니다. 같은 피리 소리를 들어도 자기 목자의 피리 소리만 기억한다는 것입니다. 양은 눈이 좋지 않지만, 청각 하나는 잘 발달해 있습니다. 그래서 자기 목자의 음성을 알고 피리 소리를 기억합니다.

목자는 양이 죽을 때까지 양과 자식처럼 지냅니다. 그러니 양은 목자와 함께 먹고 자는 것입니다. 아픈 양은 아예 목자의 품으로 달려갑니다. 그렇게 살다가 때가 되면 양은 목자에게 모든 것을 다 줍니다. 자신의 젖도 주고, 털도 주고, 목숨까지 바칩니다. 그러니 그들의 관계가 유기적이고 개인적인 관계라고 할 수 있습니다.

그래서 다윗이 하나님을 목자라고 표현하고, 하나님을 나의 목자로 모시면 부족함이 없다고 고백한 것입니다. 그 하나님께서 목자가 되셔서 다윗을 푸른 초장과 쉴 만한 물가로 인도해 주셨다는 것입니다. 그렇다면 우리는 푸른 초장과 쉴 만한 물가가 어떤 곳인지를 알아야 합니다.

2. 푸른 초장과 쉴 만한 물가는 어떤 곳입니까?

1) 푸른 초장의 의미

푸른 초창이나 쉴 만한 물가를 생각할 때, 뉴질랜드나 호주의 초장을 떠올리면 안 됩니다. 지금 다윗은 뉴질랜드나 호주, 대관령에 있는 목장에서 양을 키웠던 것이 아니라, 유대 광야에서 양을 쳤습니다. 그러니 우리는 유대 광야의 지리적 배경에서 푸른 초장과 쉴 만한 물가를 생각해야 합니다.

유대 광야에 사는 양들에게는 일 년 중 2월에서 3월이 천국입니다. 이때가 가장 행복할 때입니다. 이스라엘은 대체적으로 11월에 이른 비가 내리기 시작합니다. 그러면 1월부터는 푸른 풀이 나기 시작하다가 2월이 되면 목초가 무성해집니다. 그래서 광야 어지간한 곳에는 풀과 꽃이 만발합니다.

광야도 풀과 꽃으로 덮여서 아름다운 초원을 이루게 됩니다. 온통 황무지처럼 보이던 광야가 2-3월이 되면 수많은 이름 없는 들풀들로 가득해집니다.

2-3월의 유대 광야

성지 순례도 이때 가는 것이 좋습니다. 그래야 광야의 아름다움을 만끽할 수 있습니다. 특별히 이때 지중해 바람을 많이 받는 샤론 평원에 가보면 놀라운 풍광을 감상할 수 있습니다. 샤론 평야에 피어 있는 백합꽃과 수선화와 장미꽃, 그리고 이름 없는 들풀과 풀꽃들을 보고, 많은 사람들은 탄성을 지릅니다. 그것을 보면서 관광객들은 버스에서 찬양을 부릅니다.

♪ 샤론의 꽃 예수 나의 마음에 거룩하고 아름답게 피소서
내 생명이 참사랑의 향기로 간 데마다 풍겨나게 하소서
샤론의 꽃 예수 이 세상에서 어느 꽃과 비교할 수 있으랴
나의 삶에 한결같은 은혜와 사랑으로 가득하게 하소서

♪ 황무지가 장미꽃같이 피는 것을 볼 때에
구속함의 노래 부르며 거룩한 길 다니리
거기 악한 짐승 없으니 두려울 것 없겠네
기쁨으로 노래 부르며 거룩한 길 다니리
(후렴) 거기 거룩한 그 길에 검은 구름 없으니
낮과 같이 맑고 밝은 거룩한 길 다니리

이 아름다운 초원이 언제까지 계속되는지 아십니까? 4월 중순까지

지속됩니다. 이때까지 초원은 양들의 천국이라고 할 수 있습니다. 집 근처 어느 들판에서나 풀을 뜯으면 됩니다. 사방 천지가 목초지입니다. 그리고 비 온 지가 얼마 되지 않았기에 사방 천지가 물가입니다.

그러니 양들도 살이 찌는 것입니다. 양들도 들판에서 "메~~ 메~~" 하면서 행복하게 노래를 부릅니다. '나는 부족함이 없다' 는 것입니다. 모든 것이 만족하다는 것입니다. 더구나 곁에서 목자가 풀 뜯는 모습을 지켜보고 있으니 얼마나 행복합니까? 집 근처니까 맹수도 없습니다. 한 마디로 양들의 천국입니다.

4월이 지나고 5월에 접어들면, 완전한 건기가 됩니다. 이때는 한 방울의 비도 내리지 않습니다. 광야의 모든 풀들이 시들고 물도 다 말라 버립니다. 때문에 목자는 짐을 꾸려서, 멀리멀리 푸른 목초지를 찾아 떠납니다. 대략 5-6개월 동안 집을 떠나 생활합니다.

그 기간 동안 목자와 양은 얼마나 힘든 생활을 하는지 모릅니다. 날씨는 뜨겁고, 풀도 다 시들어 버리고 물웅덩이도 말라 버렸으니, 목이 마르고 배가 고픕니다. 이때 목자는 양들을 먹여 살리기 위해, 푸른 초장과 쉴 만한 물가를 찾아다녀야 합니다.

하루종일 푸른 초장을 찾아 움직이다가, 아무 데서나 또 야영을 해야 합니다. 그리고 야영 시에 목자는 하늘을 이불 삼고 땅을 베개 삼아 밤이슬을 맞으며 양들을 지킵니다.

'아, 내일은 어디에 가서 양들에게 풀을 뜯긴단 말인가. 어느 쉴 만한 물가를 찾아서 양들을 쉬게 한단 말인가.'

이것이 목자의 고민입니다.

잠들어 있는 양들을 바라보며, 밤이슬 속에서 애태우는 것은 결코 낭만적인 삶일 수가 없습니다. 이것은 분명히 목자의 고민이고 무거운 짐이 아닐 수 없습니다.

창세기 37장을 보면, 요셉의 형들이 세겜에 올라가서 양들에게 풀을 먹였다는 말이 있습니다. 그들은 헤브론에 살았지만 양들을 먹이기 위해 세겜까지 올라갔던 것입니다. 푸른 풀을 찾아서 말입니다. 이들이 집을 떠난 지 꽤 오래되었으므로 아버지가 그들의 안부를 묻기 위해 요셉을 보냅니다. 그래서 요셉이 세겜까지 찾아갑니다.

"이스라엘이 그에게 이르되 가서 네 형들과 양 떼가 다 잘 있는지를 보고 돌아와 내게 말하라 하고 그를 헤브론 골짜기에서 보내니 그가 세겜으로 가니라"(창 37:14).

세겜에 가니까 형제들이 또 거기서 떠나 도단까지 갔다고 합니다.

"그 사람이 이르되 그들이 여기서 떠났느니라 내가 그들의 말을 들으니 도단으로 가자 하더라 하니라 요셉이 그의 형들의 뒤를 따라가서 도단에서 그들을 만나니라"(창 37:17).

요셉의 형제들도 5월경에 집을 떠나서 10월이 넘어서야 집으로 돌아왔을 것입니다. 이것이 바로 목자들의 삶입니다. 그러므로 목자는 이 기간 동안에 언제나 푸른 초장과 쉴 만한 물가를 찾아야 합니다. 찾지 못하면 양들은 겨우 아침 이슬만 먹고 굶을 수밖에 없습니다. 그렇게 되면 양들은 영양실조로 인해 질병에 걸릴 수가 있습니다. 그래서 목자는 최선을 다해 푸른 목초지와 쉴 만한 물가를 찾는 것입니다.

푸른 초장은 어디에?

푸른 초장은 어떤 곳입니까? 그리고 어디에 있단 말입니까? 건기 때 유대 광야에서 푸른 초장은, 대낮에도 그늘진 북쪽 계곡 비탈진 곳에만 있습니다. 왜냐하면 바로 그곳이 대낮에도 금방 그늘이 지기 때문입니다. 해가 동쪽에서 뜨고 남쪽으로 움직이다가 서쪽으로 지기에 북쪽으로 그늘이 집니다.

그러므로 이곳은 대낮의 두어 시간만 빼고는 종일 그늘이 져 있습니다. 그래서 땅도 완전히 마르지 않고 제법 축축해서, 풀들이 잘 자라는 것입니다. 게다가 북쪽 계곡의 푸른 초장 밑에는 물이 고여 있기도 합니다. 바로 그곳이 양들에게 쉴 만한 물가입니다.

북쪽 계곡

쉴 만한 물가

우리나라에도 산삼이 서식하는 곳은, 제가 아는 집사님에 의하면 동북향 떡갈나무 그늘진 곳, 그리고 바람이 선선하게 잘 통하는 곳이라고 합니다. 그러므로 아무리 전국을 쏘다녀도 동북향이 아닌 곳에는 산삼이 없습니

당시 목자들의 샌들

다. 산삼은 바람이 잘 통하고 그늘진 곳을 좋아하기 때문입니다.

마찬가지로, 유대 광야에서도 푸른 초장은 반드시 북쪽 계곡 비탈진 곳에 있습니다. 왜냐하면 그곳에 그늘이 지고 선선한 바람이 불기 때문입니다. 그러므로 목자는 좋은 꼴을 얻기 위해 경사가 급한 북쪽 계곡을 찾아 올라가야 합니다.

목동들은 그곳을 샌들을 신고 올라갑니다. 더구나 자기 혼자 올라가는 것이 아니고 양떼도 거느리고 올라가야 합니다. 또 급경사를 직선으로 올라가는 것이 아니라 우회해서 올라가야 합니다. 그래야 양들이 따라올 수 있습니다.

게다가 이곳을 통과하려면 정말 어두침침한 협곡을 지나가야 합니다. 바로 이 어두운 협곡이나 동굴 속에 맹수가 웅크리고 앉아서 엿보고 있는 것입니다. 그래서 바로 이곳을 다윗은 '사망의 음침한 골짜기' 라고 표현하였습니다.

그때 목자는 온갖 신경을 곤두세워야 합니다. 만일 양들이 많으면 이런 골짜기에서는 두 명의 목자가 필요합니다. 책임 목자가 앞서고, 보조 목자가 뒤를 따라갑니다. 맹수가 나타나면 잘 방어하기 위해서입니다.

그리고 앞에서 목자는 피리를 불고 갑니다. 피리를 불고 가면 첫째로 양들이 안심합니다. 우리 목자가 우리를 지키고 있다는 것을 알고 안심합니다. 그리고 맹수들은 목자의 피리 소리 때문에 양에게 접근하지 못합니다.

푸른 초장을 향하여

그런데 오직 참 목자만 이런 길을 갈 수 있습니다. 삯꾼 목자는 이런 길을 가려고 하지도 않습니다. 저 광야 아래에서 건초나 뜯어먹게 하지, 그리고 물이 없으면 아침에 이슬이나 핥아먹으라고 하지, 이런 길을 안 갑니다. 왜냐하면 목자 자신에게도 이런 길은 위험하기 때문입니다.

그러나 참 목자는 그 위험한 길을 기꺼이 갑니다. 아니, 목숨을 걸고 그 길을 가는 것입니다.

다윗이 바로 그렇게 했습니다. 푸른 초장을 향해 나아가다가, 혹시라도 맹수가 양 새끼를 물어 가면 당장 달려가서 양을 그 맹수의 입에서 꺼냈고, 그것을 보고 곰이나 사자가 자기를 공격하려고 하면 턱수염을 잡고 그것들을 쳐 죽였습니다.

> "내가 따라가서 그것을 치고 그 입에서 새끼를 건져내었고 그것이 일어나 나를 해하고자 하면 내가 그 수염을 잡고 그것을 쳐 죽였나이다"(삼상 17:35).

이렇게 다윗은 푸른 초장, 맑은 시냇물가로 양들을 데리고 다녔습니다. 다윗은 참 목자였던 것입니다.

다윗은 이렇게 하나님을 자신의 참 목자로 노래합니다.

"여호와는 나의 목자시니 내게 부족함이 없으리로다."

"하나님, 당신은 나의 목자이십니다. 나의 참 목자, 선한 목자이십니다."

♪ 선한 목자 되신 우리 주 항상 인도하시고
방초 동산 좋은 곳에서 우리 먹여 줍소서
선한 목자 구세주여 항상 인도합소서
선한 목자 구세주여 항상 인도합소서

양의 문이 되신 예수여 우리 영접하시고
길을 잃은 양의 무리를 항상 인도합소서
선한 목자 구세주여 기도 들어 줍소서
선한 목자 구세주여 기도 들어 줍소서

성경을 보면 하나님은 우리의 목자로서 항상 우리의 원수와 싸우시는 분으로 소개됩니다. 하나님은 군대 장관이시요, 싸우시는 용사로서 언제나 우리를 보호하고 우리를 지켜주십니다. 사탄과 싸우시고 모든 대적들과 싸우시고 승리하신 하나님은, 언제나 우리를 푸른 초장으로 인도하시는 참 목자이십니다.

또한 우리의 목자가 되어서 희생하시는 하나님으로 소개됩니다. 하나님이 대표적으로 어떤 희생을 하셨습니까? 예수 그리스도를 보내셔서 우리에게 말씀을 주시지 않았습니까? 말씀 중의 말씀, 바로 예수 그리스도를 십자가에 다셨습니다. 하나님께서 얼마나 우리를 사랑하셨던지, 얼마나 우리를 아끼고 사랑하셨던지, 예수님이 비천한 사람의 육신을 입고 이 땅에 오신 것입니다.

일본의 신학자인 '지다 구라' 라는 분은 이 하나님의 놀라운 사랑을 하나님의 '아픔의 사랑' 혹은 하나님의 '고통의 사랑'이라고 표현하였습니다.

하나님의 고통의 사랑

하나님이 예수님을 이 땅에 보내시기까지는 성부, 성자, 성령 삼위일체 하나님의 아픔과 뼈저린 고통이 있었습니다. 하나님은 우리를 무척 사랑하셔서 우리가 죄로 멸망받는 것을 눈뜨고 보실 수가 없었습니다. 그래서 우리를 구원하여 영원한 하나님의 자녀, 천국 백성으로 만드셨던 것입니다.

바로 그 길은 독생자 예수 그리스도께서 사람으로 탄생하고 십자가에 죽는 길이었습니다. 그러나 아무리 성부 하나님께서 우리를 사랑하신다 해도, 하나밖에 없는 독생성자 예수 그리스도를 어떻게 이 땅에 사람으로 보내실 수 있으며, 십자가에 죽게 하실 수 있단 말입니까? 그러나 우리를 구원하시는 길은 바로 그 길밖에 없었기에, 이것이 성부 하나님의 고통이요 아픔이었던 것입니다.

이 고통을 무엇으로 설명할 수 있겠습니까? 이 아픔을 무엇으로 이야기할 수 있겠습니까? 그러나 하나님은 마침내 결단하셔서 당신의 아들을 이 세상에 보내주셨습니다.

"보내자. 그것만이 세상을 구원하는 길이다. 그것만이 내 백성을 구원하는 길이다."

바로 이것이 하나님의 아픔의 사랑이요, 고통의 사랑이었습니다. 이것이 바로 하나님의 사랑의 극치였습니다.

그렇다면 하나님은 왜 예수님을 이 땅에 보내셔서 희생과 아픔을 당하셨나요? 그것은 우리를 진정한 영적 푸른 초장과 잔잔한 물가로 인도하여서 행복한 삶을 살도록 하기 위해서입니다. 그러니 우리 하나님은 얼마나 좋으신 하나님입니까?

앞서 언급한 바와 같이, 고대 가나안 사람들은 엘을 비롯하여 수많은 신들이 있었다고 생각했습니다. 그중에도 실제적인 실권을 가지고 풍요로움을 주는 신이 '바알' 이라는 신입니다. 이 '바알' 이라는 말은 '남편' 혹은 '주인' 이라는 뜻입니다.

가나안 종교의 신관

바알 신은 '풍요' 와 '번영' 의 신입니다. 특별히 바알은 '바람' 과 '비', '물' 과 '번개' 를 몰고 다닌다고 알려졌습니다. 그래서 바알이 세상의 모든 실권을 가지고 모든 만물을 다스리며, 인간에게 풍요와 번영을 준다고 생각했습니다.

예컨대, 짐승이 잘 번식하는 축복도 바알이 관장하고, 동남풍, 서북풍이 잘 불어 비가 적절하게 와서 농사가 잘되게 하는 축복도 바알이 관장한다고 생각했습니다. 그리고 자녀들을 잘 생산하는 축복도 바알의 손에 달렸다고 생각했습니다. 그야말로 바알은 고대 근동의 최고 실세의 신이었습니다.

바알이 등장하기 전의 가나안 최고의 신은 '엘' 이었습니다. 가나안 사람들은 '엘' 이 천지를 창조했고, 모든 신들을 주관한다고 생각했습니다. 그 엘의 부인은 '아세라' 였습니다. 아세라는 아주 육감적인 미모의 여신입니다. 이 '아세라' 는 로마식으로 말하면 '다이애나'(Diana)이고, 헬라어를 사용하는 소아시아에 오면 '아데미'(Artemis)로 불립니다. 이름만 달라지는 것입니다.

그렇다면 아세라는 어디에서 왔을까요? 수메르 신화의 '이난나'(Inanna)와 고대 바벨론 신화의 '이시타르'(Ishtar) 여신에게서 변형된 것입니다. 그러므로 고대 근동의 각 나라의 신들은, 문화와 지역에 따라 조금씩 달라질 뿐이지 개념은 같다고 보아야 합니다.

고대 근동의 신화 사상은 수메르에서 시작하여 이집트, 그리고 고대 바벨론과 가나안으로 이어집니다. 특히 가나안 신화는 바벨론 신화로부터 직접적인 영향을 받았다고 할 수 있습니다.

'엘'과 '아세라'가 '바알'이라는 아들을 낳았습니다. 바알은 한마디로 별종이었습니다. 바알은 죽음의 여신인 모트를 누르고, 실제적인 통치자가 됩니다. 그후 바알은 제 어머니를 차지하고 아버지 엘을 밀어낸 후, 고대 근동을 다스리는 최고의 신에 등극하게 됩니다.

가나안 종교의 비윤리성

마르둑

여기서 우리는 고대 근동의 신관이 얼마나 유치한지 알 수 있습니다. 얼마나 지저분하고 비도덕적인지 알 수 있습니다. 어찌 아버지를 몰아내고, 어머니를 차지하는 신이 있을 수 있단 말입니까? 그러한 비도덕적인 가나안 종교가 가나안 사람들의 정신세계를 지배하고 있었기에, 가나안 사람들에게는 윤리의식이 없

없습니다. 한 마디로 그들은 짐승처럼 산 것입니다.

사실 바알 종교는 메소포타미아 지역의 고대 바벨론 종교에서 나왔습니다. 특히 고대 바벨론 신화에는 '마르둑(마르두크)' (Marduk)과 '티아마트' (Tiamat)라는 신이 나옵니다. 바알은 바로 마르둑의 변형이고, 죽음의 신 모트는 티아마트의 변형입니다.

고대 바벨론 종교에서도 '마르둑' 이 실제적으로 천지를 창조한 신으로서 수많은 신들 가운데 왕 노릇을 했습니다. '티아마트' 는 바다의 여신이고, 죽음, 저주, 어둠의 여신입니다. 이러한 신의 개념이 그대로 가나안 종교로 변형되어 들어온 것입니다.

'마르둑' 이라고 하는 신의 아버지는 '에아' (Ea)라는 신이고, 어머니는 '담키나' (Damkina)라고 하는 신입니다. 이 '마르둑' 도 별종으로 태어나서 엄청난 능력을 받았습니다. 그는 아버지 에아를 죽이고 어머니 담키나를 아내로 맞이합니다. 참으로 해괴한 일이 아닐 수 없습니다. 이것이 고대 바벨론의 신관이었습니다.

티아마트를 죽이는 마르둑

특별히 마르둑은 수많은 신들 가운데 마법의 신으로 등장합니다. 그래서 고대 근동의 사람들은 마법의 신 마르둑이 주술사들에게 영감을 주어서 그들이 점을 치고 예언을 한다고 생각했습니다.

한편 마르둑에게도 경쟁자가 있었습니다. 바로 죽음과 저주와 어둠의 여신, '티아마트' 입니다. 이 둘은 서로 경쟁을 하지 않을 수가 없었습니다. 티아마트는 바다의 신이기에 큰 물고기, 혹은 용처럼 생겼습니다. 그런데 비와 바람을 주관하는 신 마르둑이 바람을 불게 하자, 티아마트가 그것을 삼키려고 입을 벌리는 순간 마르둑이 화살을 쏘아서 티아마트를 죽였습니다.

이때 마르둑이 티아마트의 시체를 두 토막 내고, 그것으로 하늘과 땅을 창조하였다고 합니다. 티아마트의 시체 중 위의 것으로 하늘을, 아래의 것으로 땅을 만들었다는 것입니다. 그리고 킹구(Kingu)를 비롯한 티아마트의 졸개들의 시체로 인간을 만들었다고 합니다. 그 이후로부터 마르둑은 고대 바벨론 신들의 세계에서 가장 높은 위치를 차지합니다.

그런데 이 마르둑도 스스로를 목자로 칭합니다. 고대 바벨론 신들의 세계와 인간들의 세계를 통치하는 목자로 자신을 나타냈습니다. 특별히 마르둑은 인간들을 신들의 수종드는 노예로 만들었습니다.

그러나 우리 하나님은 그렇지 않습니다. 인간들을 부리기 위해 지으신 것이 아니라, 당신의 자녀로 삼기 위해 당신의 형상을 따라 지으셨습니다. 그런 의미에서 우리 하나님은 얼마나 좋으신 분인지 모릅니다. 우리와 사랑을 나누시고, 우리의 찬양을 받으시며, 영원히 행복한 존재로 살게 하기 위해 우리를 지으신 것입니다.

수메르 신화에서는 신들의 세계와 인간들의 세계가 잘 구분되었지만, 고대 바벨론에 들어와서는 신과 인간의 삶이 잘 구분이 되지 않습니다. 혼합적입니다. 예를 들어, 고대 바벨론의 첫 왕은 '니므롯' (Nimrod)인데, 신의 아들로 간주되었습니다. 당시의 왕들은 대부분 신의 아들이었습니다. 성경을 보면 애굽 사람들도 바로 왕을 태양신의 아들로 불렀습니다.

그래서 니므롯도 탄생 설화를 만들게 되었습니다. 마치 우리나라의 박혁거세나 단군처럼 말입니다. 그는 원래의 아버지 '구스' (Cush) 대신 '에아' 를 자기 아버지라고 합니다. 그리고 '이시타르' 로 승화된 '세미라미스' (Semiramis)를 어머니로 삼습니다. 니므롯은 스스로를 아버지 '에아' 신과 어머니 '세미라미스' 사이에서 태어난 신성한 자로 둔갑시킵니다.

니므롯 이놈도 별종이었습니다. 유명한 용사로 알려졌습니다. 이 '니므롯' 은 성경에 실제 인물로 나옵니다.

> "구스가 또 니므롯을 낳았으니 그는 세상에 첫 용사라 그가 여호와 앞에서 용감한 사냥꾼이 되었으므로 속담에 이르기를 아무는 여호와 앞에 니므롯 같이 용감한 사냥꾼이로다 하더라 그의 나라는 시날 땅의 바벨과 에렉과 악갓과 갈레에서 시작되었으며 그가 그 땅에서 앗수르로 나아가 니느웨와 르호보딜과 갈라와 및 니느웨와 갈라 사이의 레 센을 건설하였으니 이는 큰 성읍이라"(창 10:8-12).

실존했던 인물이지만 사람들은 그를 마르둑의 현신으로 여겼습니다. 당시 고대 바벨론의 왕들은 마르둑 신앙의 수호자로, 마르둑의 현현으로 인정되었습니다. 즉, 마르둑은 보이지 않는 신이고, 니므롯은 마르둑의 현현이요, 화신, 사자(使者)라고 할 수 있다는 것입니다.

이 니므롯도 어머니를 차지하기 위해 아버지를 죽입니다. 니므롯과 마르둑이 하는 짓이 똑같습니다. 그래서 니므롯은 보이는 신이고, 마르둑은 안 보이는 신이라고 불렀습니다. 그리하여 아버지를 죽여 버리고, 어머니와 함께 세상을 통치하는 것입니다. 이것이 바벨론 신화입니다. 신의 이야기와 인간의 역사가 혼합되어 있습니다.

이러한 바벨론의 신관이 가나안 종교로 변형되어 내려옵니다. 마르둑이 바알로 변형되었고, 티아마트가 모트로 변형되었습니다. 그리고 세미라미스는 아세라로 변형되었습니다. 그러니 그들의 신관이 더럽고 복잡하고 유치합니다.

한편 마르둑이 바알로 변형되지 않고 그대로 전달되어 내려오기도 했습니다. 그것이 바로 성경에 나오는 몰렉 신입니다.

> "너는 이스라엘 자손에게 또 이르라 그가 이스라엘 자손이든지 이스라엘에 거류하는 거류민이든지 그의 자식을 몰렉에게 주면 반드시 죽이되 그 지방 사람이 돌로 칠 것이요"(레 20:2).

요시아 왕은 종교 개혁을 단행하면서 당시 자식을 불태워 바쳤던 몰록 제의를 폐합니다.

> "왕이 또 힌놈의 아들 골짜기의 도벳을 더럽게 하여 어떤 사람도 몰록에게 드리기 위하여 자기의 자녀를 불로 지나가지 못하게 하고"(왕하 23:10).

몰렉은 암몬 족속이 섬기는 신이었는데, 독재자요, 인격이 없는 폭군입니다. 그는 인간들로부터 진짜 충성을 받는 표시로서 인신 제사를 요구했습니다. 자신의 아이를 바치도록 했던 것입니다. 그리고 자기 아이를 바치면 모든 권세와 부귀와 영화를 준다고 했습니다.

얼마나 어리석고 안타까운 일인지 모릅니다. 바로 이런 종교 · 문화적 배경 속에서 하나님이 아브라함에게 모리아 산에서 이삭을 바치라고 하니, 아브라함이 이렇게 생각한 것입니다.

'우리 하나님도 암몬이 섬기는 몰렉처럼 인신 제사를 원하시는구나!', '하나님도 나에게 이런 충성과 100퍼센트의 헌신을 원하시는구나!'

이렇게 생각하고 아브라함도 말없이 모리아 산으로 이삭을 데리고 간 것입니다.

그러나 이것은 어디까지나 '시험' 이었습니다. 우리 하나님은 인격적이고 선하신 하나님입니다. 인간처럼 결혼하고, 자식을 낳으며, 그러다가 늙고 쇠약해지는 신이 아닙니다. 우리 하나님은 영원자존하시고 절대 무궁하신 분입니다.

또한 싸워서 이기고 지는 그런 하나님이 아니라, 말씀 한마디로 천지를 창조하셨을 뿐만 아니라 모든 신들을 꾸짖고, 세상의 모든 질서를 다스리고 주관하시는 하나님입니다. 신 중의 신이시고, 왕 중의 왕이시고, 모든 신들을 벌하시는 창조주이자 구속주, 심판주이십니다.

또한 마르둑은 모압에 와서는 그모스로 변합니다. 그모스는 어떤 신입니까? 바벨론 사람들이 섬겼던 신인데 문헌을 보면 몰렉과 동일한 신이라고 기록되어 있습니다. 이 마르둑이 모압에 와서는 그모스

신이라는 이름으로 불려졌고, 암몬에서는 몰렉이라고 불려졌던 것입니다.

이 신은 얼마나 폭군이고 독재적이던지, 자기를 사랑하고 자기에게 충성하는 자들에게 충성의 표시로 인신제사를 요구했습니다. 그것도 자기 자녀를 죽여서 번제로 드리도록 했습니다. 그래서 이스라엘 백성들도 여기에 유혹을 받아서 몰렉에게 자기 자녀를 바치는 일이 있었습니다.

> "힌놈의 아들의 골짜기에 바알의 산당을 건축하였으며 자기들의 아들들과 딸들을 몰렉 앞으로 지나가게 하였느니라"(렘 32:35).

잘못된 종교라는 게 이럴 때 아편이 됩니다. 아니 어떻게 신에게 자기 자녀를 번제로 드릴 수 있단 말입니까? 아무리 종교가 좋고 신을 사랑한다고 하여도 어떻게 자기 자녀를 죽여서 번제로 드릴 수 있느냐 이 말입니다. 그렇게 신에게 충성해서 무슨 복을 받는다는 말입니까? 그렇게 자녀를 번제로 드려서 죽은 신으로부터 도대체 무슨 보상을 받으려고 하느냐 이 말입니다.

인신제사가 무엇입니까? 자기 자녀의 목에 칼을 쑤셔서 심장을 꺼내고 내장을 도려내고 온몸을 토막 내서 장작불에 태우는 번제가 아닙니까? 그런데 여호와 하나님을 모르는 고대 근동 사람들은 정말 인신제사를 드렸던 것입니다. 특별히 큰 소원이 있거나 신에게 자기의 절대적인 충성을 맹세할 때 자녀를 번제로 드렸고, 또 엄청난 위기와 역경을 당할 때, 특별한 소원이 있을 때 자기 아들을 번제로 드렸습니다.

열왕기하 3장을 보면 모압 왕이 자기 아들을 번제로 드리는 장면

이 나옵니다.

"모압 왕이 전세가 극렬하여 당하기 어려움을 보고 칼 찬 군사 칠백 명을 거느리고 돌파하여 지나서 에돔 왕에게로 가고자 하되 가지 못하고 이에 자기 왕위를 이어 왕이 될 맏아들을 데려와 성 위에서 번제를 드린지라 이스라엘에게 크게 격노함이 임하매 그들이 떠나 각기 고국으로 돌아갔더라"(왕하 3:26-27).

여기에서 모압 왕도 자기 왕위를 이을 세자를 데려다가 성 위에서 번제로 드려 버렸습니다. 그러니 얼마나 모압 왕이 독한 왕이냐 이 말입니다. 이래도 죽고 저래도 죽는 이판사판의 형국에서, 자녀를 그냥 그모스에게 번제로 드려 버린 것입니다. 그렇게 하면 그모스가 자기들에게 기적을 베풀어줄 것으로 믿었던 것입니다.

우리 하나님은 인신제사를 받지 않으셨습니다. 도리어 하나밖에 없는 아들 독생자를 이 땅에 보내서 그를 통해 우리를 구원해 주시고 당신의 자녀로 삼아 주셨습니다. 그래서 언제나 그리스도 안에서 행복하고 평안하고 만족한 삶을 살게 하십니다.

여호와 종교의 윤리성

시편 23편의 용어를 빌리자면, 하나님은 우리를 푸른 초장과 쉴 만한 물가로 인도하시는 우리의 선한 목자가 되십니다. 우리의 모든 필요를 채우시고, 영적인 푸른 초장과 잔잔하고 쉴 만한 물가로 인도해 주시는 분입니다. 그래서 가장 행복하고 복된 사람으로 살도록 해주십니다.

신 중의 신이시고, 왕 중의 왕이시며, 영원 절대 무궁하신 우리 하나님은 우리의 선한 목자가 되어 주셨는데, 바로 그 하나님께서 교회마다 작은 목자들을 보내 주셨습니다. 작은 목자들에게 있어서도 가장 중요한 것은 성도들을 배부르게 하는 것입니다. 언제나 푸른 초장과 잔잔한 물가로 인도하는 것입니다.

그것을 위해서 작은 목자들은 목숨을 걸어야 합니다. 하나님이 예수 그리스도를 보낼 때 아픔을 겪으셨던 것처럼, 작은 목자들도 목숨 바쳐 충성해야 합니다. 설교를 할 때도 목숨을 걸어야 합니다. 놀 것 다 놀고 성도들을 푸른 초장, 맑은 시냇물가로 인도할 수는 없습니다. 삯꾼 목자들은 모르겠지만, 참 목자는 그렇게 하면 안 됩니다. 참 목자는 특별히 설교와 기도를 위해 투자하고 희생하며 정성을 기울여야 합니다.

이렇게 목자는 양들을 푸른 초장으로 인도합니다. 거기서 양들은 행복하게 풀을 뜯습니다. 비록 비탈진 언덕이기는 하지만 거기서 풀을 마음껏 뜯으며 행복을 누립니다. 양은 워낙 식성이 좋아서, 단 두 시간만 풀어 놓아도 배부르게 먹는다고 합니다. 바로 이것이 푸른 초장이 의미하는 바입니다.

♪ 주는 나를 기르시는 목자요 나는 주님의 귀한 어린 양
푸른 풀밭 맑은 시냇물가로 나를 늘 인도하여 주신다
주는 나의 좋은 목자 나는 그의 어린 양
철을 따라 꼴을 먹여 주시니 내게 부족함 전혀 없어라

예쁜 새들 노래하는 아침과 노을 비끼는 고운 황혼에
사랑하는 나의 목자 음성이 나를 언제나 불러 주신다
주는 나의 좋은 목자 나는 그의 어린 양
철을 따라 꼴을 먹여 주시니 내게 부족함 전혀 없어라

2) 쉴 만한 물가

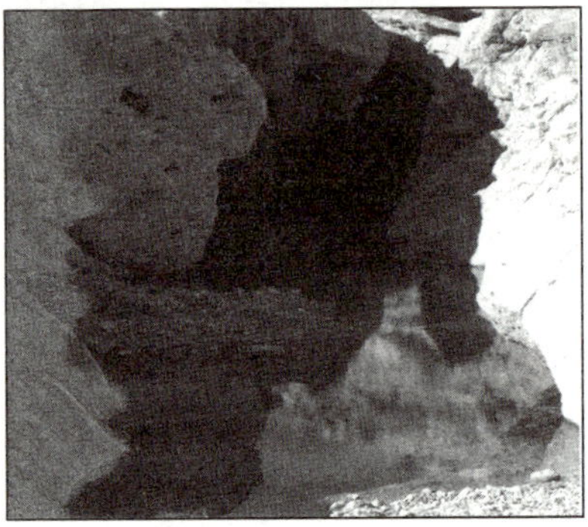

유대 광야의 쉴 만한 물가

목자는 푸른 초장뿐만 아니라 양을 쉴 만한 물가로 인도합니다. 배가 부르게 풀을 뜯었으면 이제 물을 마셔야 하기 때문입니다. 그리고 잠시 쉬어야 합니다. 그런데 양은 흐르는 물을 싫어합니다.

물론 흐르는 물을 마시기는 합니다만, 흐르는 물가에서는 양들이 쉬지 못합니다. 그래서 목자는 고인 물을 찾아가야 합니다. 바로 그게 잔잔한 물가입니다. 흐르지도 않고 파도치지도 않고, 잔잔하게 물이 고여 있을 때 이 물가가 양들에게는 쉴 만한 물가가 되는 것입니다.

성경이 말하는 쉴 만한 물가가 이런 곳입니다. 이곳도 그늘진 북쪽 계곡의 아래에 있습니다. 이것은 큰물이 지나가고 난 다음에 생긴 물웅덩이나 작은 연못이라고 할 수 있습니다. 양들을 이곳에 데려다 놓으면, 물을 흠뻑 마시고 그 주변에서 편안히 쉽니다.

더구나 이곳은 아주 깨끗하고 맑은 물이 그늘진 곳에 있으니까 더 시원하고 쾌적합니다. 그러니 양들이 그 근방에서 쉬기에 너무 좋습니다. 똑같은 장소이지만 계곡이 있고 거기에 시원한 물이 있다면 더 좋습니다. 그처럼 양들은 잔잔한 물가에서 편안하게 쉬면서 되새김질을 하는 것입니다.

그런데 겉으로는 모든 것이 완벽하게 좋아 보이는 곳일수록 반드시 문제는 있습니다. 그런 곳에도 치명적인 문제가 있습니다. 반드시 맹수들이 출몰합니다. 그 주변에는 항상 맹수들의 발자국이 있습니다. 왜냐하면 물이 있고 응달이 있으며 시원하기에 맹수들도 이곳에 와서 쉬어 갑니다.

오늘날도 마찬가지입니다. 그 잔잔한 물가 바로 옆에는 맹수들의 발자국이 있습니다. 곰이나 큰 고양이과 맹수들이 근방에서 쉬고, 또 아침저녁으로 와서 물을 마시고 간다는 증거입니다.

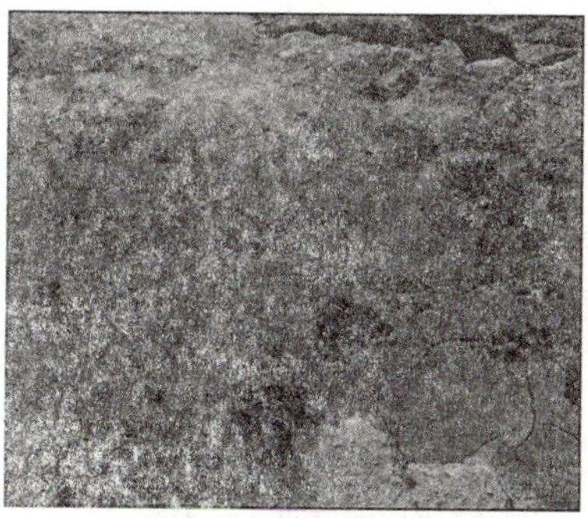

유대 광야의 맹수의 발자국

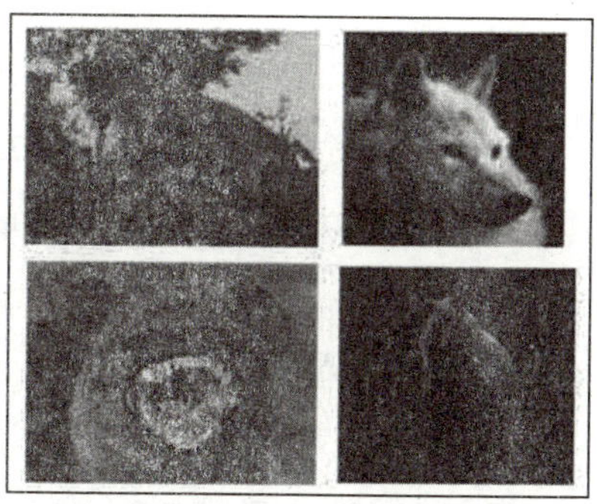

유대 광야에 서식하는 맹수들의 모습

그럼에도 불구하고 목자는 양을 데리고 이곳에 옵니다. 그러므로 양들이 이런 곳을 두려워할 수밖에 없습니다. 그들은 본능적으로 맹수가 와서 자기의 목덜미를 물어 죽이는 것을 두려워하였습니다. 거기서 언제 맹수가 나타날까 무서워 떨 수밖에 없습니다. 그러나 그 때 목자가 곁에 앉아서 피리를 불거나 수금을 타면 안심하고 쉬는 것입니다.

양들은 목자의 피리나 수금 소리를 듣고 비로소 안도감을 갖고 편안하게 쉴 수가 있습니다. 아마 그 피리 소리나 수금 소리는 양들에게 이러한 메시지가 될 것입니다.

피리 부는 목자

"양들아, 걱정 마라. 내가 여기 있느니라. 내가 이렇게 피리를 불고 수금을 타고 있으니 전혀 걱정 말고 편안하게 물을 마시며 쉬어라. 어떤 맹수가 와도 내가 지켜줄 테니까, 마음 푹 놓고 쉬어라."

목자를 통한 참된 만족

피리 소리와 수금 소리는 양들을 노리고 있는 맹수들에게도 이런 경고의 메시지를 줍니다.

"이놈들아! 꼼짝 마라. 만약에 내 눈앞에 나타났다가는 내가 물맷돌로 혼을 내줄 것이다. 뿐만 아니라 내가 달려가서 이 지팡이 끝으로 다시는 양들을 넘보지 못하도록 정신이 번쩍 나게 해줄 것이다."

그런 의미로 목자들이 피리를 불고 수금을 타는 것입니다. 목자가 피리를 불고 수금을 타는 것은, 양들을 완벽하게 보호하는 것입니다. 그러면 양들은 목자의 피리 소리나 수금 소리를 듣고 마음 놓고 쉼을 얻습니다. 그곳을 이탈하지만 않는다면 양들의 행복과 만족이 보장되는 것입니다.

이제 양들은 거기서 되새김질을 하면서 행복의 노래를 부릅니다. 목자의 피리 소리와 수금 소리에 맞춰서 함께 "메~ 메~" 하며 노래를 부릅니다. 아마 이런 노래를 부를 것입니다.

♪ 여호와 나의 목자 내게 부족 없네
푸르른 초장 위에 나의 몸 누이시네

(후렴) 선한 목자 오 나의 목자여
생수가 넘치는 곳 날 인도하시네

다윗은 이런 목동 경험을 해보았습니다. 즉, 자기도 위험을 무릅쓰고 양들을 쉴 만한 물가로 인도했습니다. 그런데 지내 놓고 보니까 하나님이 자신의 인생을 그렇게 인도해 주셨다는 것입니다. 광야에서 사울에게 쫓겨 다닐 때, 하나님은 그를 안전하게 지키시고 인도해 주셨습니다.

육신은 고단하고 힘들었지만, 영혼은 언제나 푸른 초장, 맑은 시냇가에 눕고 쉬었습니다. 그리고 마침내 하나님은 자기를 왕의 길로, 최고의 축복의 길로 인도하셨습니다. 그래서 다윗은 하나님을 자신의 목자라고 고백하고 노래했던 것입니다.

하나님은 오늘도 우리를 푸른 초장으로 인도하시고 언제나 잔잔한 물가로 인도하십니다. 언제나 하나님의 은혜를 생수처럼 부어주십니다. 그래서 성경에서도 하나님의 은혜를 생수로 표현하고 있지 않습니까?

"명절 끝날 곧 큰 날에 예수께서 서서 외쳐 이르시되 누구든지 목마르거든 내게로 와서 마시라 나를 믿는 자는 성경에 이름과 같이 그 배에서 생수의 강이 흘러나오리라 하시니"(요 7:37-38).

왜 하나님의 은혜를 생수로 표현했을까요? 생수는 우리의 생명의 근원이 되기 때문입니다. 특별히 우리는 어머니 뱃속에서 10개월 동안 물 속에 있다 나왔습니다. 그래서 어린아이든 어른이든, 맑은 물만 보면 가슴이 뜁니다. 애들도 물 속에 넣어 두면 잘 놀고, 어른도 맑은 물을 보면 풍덩 들어가고 싶어합니다.

생수, 생명의 근원

저도 깨끗한 물을 보면 당장 달려가서 발을 담그고 세수하고 싶고 벌컥벌컥 마시고 싶습니다. 그 물을 마시면 사람이 더 깨끗해지는 것 같습니다. 마치 위대한 시인이 되고, 신선이 되는 것 같은 느낌도 듭니다. 그래서 우리 예수님도 하나님의 은혜를 생수라고 했습니다. 더구나 이 생수는 보통 생수가 아니라, 복락의 강수라고 했습니다. 복락의 강수라는 것은 즐거움과 기쁨을 주는 강물이라는 뜻입니다.

우리는 이 물을 마시면 즐겁고 행복합니다. 이 물을 마시면 우리의 삶이 변해서 가장 행복한 사람이 되고, 가장 기쁜 사람이 되며, 가장 만족스런 사람이 되는 것입니다. 하나님은 우리로 하여금 이런 생수 같은 은혜를 마시게 하고, 정말 평안하고 행복한 삶을 살게 하며, 주 안에서 안식하고 참된 쉼을 누리시게 하는 것입니다. 이것이 바로 하나님이 우리를 잔잔한 물가로 인도하신다는 의미입니다.

이 생수는 우리 안에서 영원히 솟아나는 샘물이 됩니다.

"예수께서 대답하여 이르시되 이 물을 마시는 자마다 다시 목마르려니와 내가 주는 물을 마시는 자는 영원히 목마르지 아니하리니 내가 주는 물은 그 속에서 영생하도록 솟아나는 샘물이 되리라"(요 4:13-14).

우리가 이런 생수를 마시고 기쁘고 즐겁고 감사하며 주님을 찬양하는 것입니다. 우리가 이런 물을 마시고 이런 물이 우리 안에 솟아오를 때 진정한 평안이 있고 쉼이 있는 것입니다.

참 만족과 안식을 누릴 수 있는 그곳이 어디입니까? 바로 주님의 품인 교회입니다. 오늘날 하나님께서는 항상 성도들을 주님의 품으로 인도하고, 교회로 인도하십니다. 누구를 통해서입니까? 주님이 세우신 작은 목자들을 통해서 인도하십니다. 오늘날 성도들이 얼마나 불안해 합니까? 아무것도 아닌 것을 가지고 불안해 하고 두려워합니다. 그러므로 오늘날 작은 목자들은 항상 성도들에게 주님의 품을 느끼게 해야 합니다.

언제나 예배와 말씀을 통해서 또 기도와 찬양을 통해서 주님 품을 느끼게 하고 주님 품에 안기게 해야 합니다. 설교를 듣고 기도하며 찬양하는 중에도 주님 품에 있음을 깨닫게 해주어야 합니다.

아니, 목회자는 항상 그들에게 은혜를 끼쳐서 그 자리가 은혜의 보좌가 되게 해주어야 합니다. 항상 예배 시간에도 말씀으로, 기도로, 찬양으로 하늘 문이 열리게 해주어서, 그 자리가 은혜의 보좌가 되고 주님의 품이 되게 해주어야 합니다.

성도는 교회에 나와서 예배드릴 때 스스로 만족하고 안식과 쉼을 느낄 수 있어야 합니다. 이렇게 되면 성도들은 주님의 품이 언제나 안식과 만족이라는 사실을 느끼고 고백하게 되는 것입니다.

♪ 주님께 엎딘 내 영혼 간절히 비는 말씀은
자비의 품을 여시사 영원한 평화 주소서
주의 품속은 사랑과 평화 주의 품속은 사랑과 평화
오 생명 빛 환히 빛나고 기쁨 영원하오니
주여 날 품어 주소서

슬픔의 안개 덮이고 근심의 구름 떠돌 때
사랑의 품을 여시사 내 영혼 위로하소서
주의 품속은 사랑과 평화 주의 품속은 사랑과 평화
오 생명 빛 환히 빛나고 기쁨 영원하오니
주여 날 품어 주소서

"주여, 언제나 우리를 푸른 초장, 쉴 만한 물가로 인도해 주옵소서. 그래서 우리의 삶이 언제나 푸른 초장, 쉴 만한 물가에 있게 하옵소서. 하나님이 나의 목자가 되시고 나는 그분의 어린양이 되어서 언제나 주님의 사랑과 평화의 품속에 살게 하옵소서."

4장

소생과 의의 길로 인도

내 영혼을 소생시키시고 자기 이름을 위하여 의의 길로 인도하시는도다

(시 23:3)

4장 소생과 의의 길로 인도

양에게 목자가 필요한 이유 중의 하나는 양의 연약성 때문입니다. 무엇보다 양은 시력이 좋지 않습니다. 15미터 앞을 보지 못한다고 합니다. 그래서 누가 잘 이끌어 주어야 합니다. 그러니 양에게는 목자가 필요합니다. 그리고 이 양은 빨리 달리지도 못합니다. 발목마저 약해서 빨리 달렸다가는 발목이 부러지기 십상입니다.

이렇게 양은 약하기 때문에 반항할 생각도 못하고, 저항할 의지도 없습니다. 철저하게 의존적인 동물입니다. 그래서 고대 근동에서 신에게 바쳐지는 제물로 널리 사용된 것입니다. 거기다 양은 몸이 더러워도 스스로 씻지 못합니다. 목자가 씻어 주지 않으면 온갖 오물과 더러운 것들을 몸에 묻히고 삽니다. 그래서 냄새도 나고 위생에도 좋지 않기에 목자는 양을 정기적으로 씻어 줍니다.

양은 탁월한 식욕 때문에 아무거나 잘 먹어댑니다. 염소는 지혜롭게 먹는데, 양은 무작정 먹습니다. 특히 배가 고프면 똥인지 된장인지도 모르고 먹어댑니다. 심지어 요즘에는 관광객들이 버리고 간 페트병까지 씹어서 먹는다고 합니다. 그래서 창자가 파열되어 죽기도 한답니다.

이런 양에게도 탁월한 것이 하나 있습니다. 바로 청력입니다. 양은 청력이 발달되어 있습니다. 그래서 주인과 타인의 목소리를 정확하게 구분합니다. 자기 목자의 소리와 다른 목자의 소리를 정확하게 구분합니다. 우리 예수님도 양이 자기 목자의 음성을 안다고 말씀하셨습니다.

> "자기 양을 다 내놓은 후에 앞서 가면 양들이 그의 음성을 아는 고로 따라오되 타인의 음성은 알지 못하는 고로 타인을 따르지 아니하고 도리어 도망하느니라"(요 10:4-5).

그러나 아무리 청력이 좋아도 양의 귀가 가시에 찔리면 무용지물이 됩니다. 귀에 염증이 생기면 그 좋은 청력도 소용이 없습니다. 그래서 양의 귀가 가시에 찔리면 목자는 당장 그 가시를 빼주고 올리브유로 치료해 줍니다.

양은 길을 가다가 구덩이에 빠지거나 뱀에게 물리면 당장 죽습니다. 그리고 풀을 배부르게 뜯지 못하거나 물을 마시지 못하면 더위에 굉장히 약해집니다. 아무리 풀을 배부르게 먹어도 계속 뙤약볕 아래에 있으면 더위를 먹을 수도 있는 것입니다. 그래서 목자는 양들을 항상 푸른 초장과 쉴 만한 물가로 인도해야 합니다.

그런데 만약에 상황이 좋지 않아서 목자가 양들을 쉴 만한 물가로 인도해 주지 못하면, 양들이 더위를 이기려고 그늘 아래에 고개를 박습니다. 조그마한 그늘만 있어도 그리로 가서 고개를 박습니다.

양들이 더위를 피하는 모습

그런데 그마저 없다면 자기들끼리 고개를 박습니다. 그렇게 해서 더위를 이긴다는 것입니다.

더 큰 문제는, 양들이 무리에서 이탈하여 방황하면, 병약한 양은 더위를 먹자마자 삽시간에 구토를 하며 그냥 죽는다고 합니다. 바로 이때 목자는 양의 생명을 소생시켜 주어야 합니다. 물을 가져다가 잘 씻어 주고 돌봐 주어야 합니다. 그래야 그 양이 살 수 있습니다. 그리고 귀가 가시에 찔린 양은 가시를 빼주고 올리브유로 잘 치료해 주어야 합니다.

뿐만 아니라 병들고 더위 먹은 양은 곧바로 그늘로 데려가야 합니다. 만약에 그늘이 없으면 목자가 가지고 다니는 지팡이와 막대기를 땅에 박아 놓고 겉옷을 펴서 지팡이와 막대기 사이에 걸어 놓아 그늘을 만들어 양을 대피시킵니다. 그리고 주머니에서 물병을 꺼내 손에 부어 양이 핥아먹게 합니다. 또 온몸을 마사지해 주며 양을 치료합니다.

그때 양은 목자의 사랑과 정성을 느끼게 되고, 그 몸에서 치유 능력이 발생하여 회복된다는 것입니다.

영혼의 소생

다윗은 목동 생활을 했기 때문에 이 사실을 너무나 잘 알고 있었습니다. 다윗도 목동으로 있을 때 양이 병들고 시들시들하면 이렇게 치유하고 회복시켜 주었습니다. 그런데 자신이 하나님을 섬기며 그분의 인도를 따르다 보니 하나님이야말로 진정한 목자가 되셔서 자기의 영혼을 소생시켜 주시고 회복시켜 주시는 것을 경험한 것입니다. 그래서 다윗은 선한 목자 되신 주님께서 자기 영혼을 소생시키신다고 노래하였습니다.

> "내 영혼을 소생시켜 주시고……."

여기서 '영혼'은 히브리어로 '네페쉬'(נֶפֶשׁ)입니다. '네페쉬'란 영혼을 소유하고 있는 생명이나 목숨을 의미합니다. 그러니까 하나님이 다윗의 생명을 소생시켜 주시고 회복시켜 주시며 치유해 주셨다는 말입니다. 하나님은 우리 영혼을 소생시켜 주시는 목자이십니다. 아니, 우리의 병든 영혼과 몸까지도 소생시켜 주시고 회복시켜 주시는 분입니다.

다윗은 이런 은혜를 너무도 많이 체험했습니다. 사실 다윗이 얼마나 많이 실족할 뻔했습니까? 죽을 고비도 얼마나 많았으며, 그의 영혼이 상처받고 쇠약해질 때가 얼마나 많았습니까?

사울에게서 여호와의 영이 떠나고 그에게 악한 영이 임할 때였습니다. 그것을 치료해 주기 위해 신하들이 수금을 잘 타는 다윗을 궁으로 들였습니다.

그런데 이 다윗이 누굽니까? 나중에 블레셋의 골리앗을 물맷돌 하나로 죽인 장본인이 아닙니까? 블레셋을 쳐부수고 전쟁터에서 돌아오던 사울과 다윗을 보고 여인들이 "사울이 죽인 자는 천천이요, 다윗이 죽인 자는 만만이로다" 하고 노래하였습니다.

그 이튿날 사울에게 악령이 임하니까 사울이 손에 있는 창을 던져 다윗을 죽이려고 합니다. 그때 다윗이 잘 피해서 목숨은 건졌습니다.

다윗이 사울의 사위가 되었는데, 다윗이 하는 일마다 승승장구하자 사울이 항상 다윗을 죽이려고 합니다. 자기 집으로 피신을 했는데도 거기까지 쫓아왔습니다. 그 상황에서 미갈이 재치 있게 뒷창문에 줄을 달아 내려서 다윗을 피신시켜 주었습니다.

그때 다윗이 얼마나 상처를 받았겠습니까? 장인이 자신을 죽이려고 하니 말입니다. 이렇게 도망을 친 다윗은 사무엘이 있던 라마 나욧으로 가서 사무엘이 이끄는 대부흥회에 참석하게 됩니다.

> "다윗이 도피하여 라마로 가서 사무엘에게로 나아가서 사울이 자기에게 행한 일을 다 전하였고 다윗과 사무엘이 나욧으로 가서 살았더라"(삼상 19:18).

그 사실이 사울의 귀에 들어가는 바람에 사울이 또 다윗을 죽이려고 군사들을 보냅니다. 거기서 사울의 군사들에게 하나님의 영이 임해서 그들이 예언을 하는 것입니다. 나중에는 사울이 직접 갔는데, 사울이 라마 나욧에 도착하기도 전에 여호와의 영이 사울에게 강력하게 임해서 사울이 방언을 하고 예언을 하게 되었습니다.

> "사울이 라마 나욧으로 가니라 하나님의 영이 그에게도 임하시니 그가 라마 나욧에 이르기까지 걸어가며 예언을 하였으며 그가 또 그의

옷을 벗고 사무엘 앞에서 예언을 하며 하루 밤낮을 벗은 몸으로 누웠더라 그러므로 속담에 이르기를 사울도 선지자 중에 있느냐 하니라"(삼상 19:23-24).

그때 아마 사울이 이렇게 예언했을 것입니다.

"나는 망하고 다윗은 흥할 것이다. 다윗이여, 그대는 이스라엘의 왕, 아니, 전무후무한 이스라엘의 왕이 될 것이다. 지금은 내가 이렇게 마귀에게 사로잡혀 그대를 죽이려 하지만 그대는 전무후무한 이스라엘의 왕이 될 것이다……."

사울은 집회 장소에 와서, 이렇게 벗은 몸으로 하루 밤낮을 예언합니다.

다윗의 방패 되신 하나님

하나님은 이렇게 다윗이 위기에 처해 있을 때마다 방패가 되어주셔서 그 마음의 상처와 아픔을 치료해 주셨습니다. 항상 피할 길을 열어 주셔서 살게 하십니다. 다윗은 하나님으로 말미암아 위로를 받고, 소생과 치유와 회복의 은총을 경험하였습니다. 그래서 다윗이 '하나님이 나에게 이렇게 소생의 은총을 베풀어 주셨구나' 라는 고백을 하는 것입니다.

한번은 다윗이 블레셋에 가서 아기스 왕을 따라 전투하러 갔는데 그 사이에 아말렉이 쳐들어와서는 처자식들을 다 포로로 잡아가 버렸습니다. 그때 다윗이 얼마나 다급하고 놀랐겠습니까? 그때에도 하나님은 다윗에게 역전의 은총과 패자부활전의 은총을 허락하여 다윗을 소생시켜 주셨습니다. 이런 것을 경험하고 난 다윗은 날마다 주님 앞에 이렇게 고백했습니다.

"나의 힘이신 여호와여 내가 주를 사랑하나이다 여호와는 나의 반석이시요 나의 요새시요 나를 건지시는 이시요 나의 하나님이시요 내가 그 안에 피할 나의 바위시요 나의 방패시요 나의 구원의 뿔이시요 나의 산성이시로다"(시 18:1-2).

다윗은 새벽에도 주님을 사랑한다고 고백하며 노래했고, 저녁에도 그와 같이 했습니다. 자기를 치유해 주시고 회복시켜 주시고 소생시켜 주시는 하나님이 너무 좋았던 것입니다.

♪ 나의 힘이 되신 여호와여
내가 주님을 사랑합니다
주는 나의 반석이시며 나의 요새시라
주는 나를 건지시는 나의 주 나의 하나님
나의 피할 바위시요 나의 산성이라
나의 하나님 나의 하나님
그는 나의 여호와 나의 구세주
나의 하나님 나의 하나님
그는 나의 여호와 나의 구세주

우리도 인생 광야를 걷다 보면 그런 일이 많습니다. 광야에 살다 보면 내 생명과 내 영혼이 상처를 받습니다. 마귀가 쏜 독화살을 맞고 쓰러지는 일이 한두 번이 아닙니다. 그래서 절망의 절벽으로 떨어져 버리는 경우도 있습니다.

그리고 우리의 육체가 쇠약해지고 질병에 놓이게 될 때가 있습니다. 병마의 독화살을 맞고 신음하며 투병하는 때도 있습니다. 바로 그때 우리 하나님이 선한 목자가 되어 주셔서 우리에게 찾아오십니다. 우리를 치유해 주시고, 우리를 소생시켜 주시고, 회복시켜 주시는 것입니다.

먼저 찾아오시는 하나님

하나님은 우리의 고통과 상처와 아픈 문제를 잘 알고 계시고, 그 누구보다도 먼저 고통 중에 신음하고 있는 우리를 찾아오십니다. 하나님은 우리가 먼저 찾아오기만을 기다리시는 분이 아닙니다. 물론 주님이 때로는 기다리고 계실 때도 있지만, 먼저 우리에게 찾아오십니다. 우리가 주님을 찾아갈 힘이 없다는 걸 아시기 때문입니다.

양들이 병들어 있거나 구덩이에 빠져 있으면 어떻게 스스로의 힘으로 목자에게 나아갈 수 있겠습니까? 그래서 목자가 양을 찾아나서는 것처럼, 주님도 우리를 찾아오십니다. 우리 주님은 기다리시는 하나님뿐만 아니라 찾아오시는 하나님입니다.

성경을 보면, 엘리야가 지치고 상처받아 로뎀나무 아래에서 죽기를 구하고 있을 때, 하나님은 천사를 보내셨습니다. 그래서 엘리야에게 떡을 주고 물을 마시게 하며, 힘과 용기를 주었습니다. 하나님이 회복의 은혜를 주신 것입니다. 그때 엘리야는 다시 힘을 얻고, 호렙 산으로 가서 자신의 사명을 새롭게 회복하였습니다.

"로뎀 나무 아래에 누워 자더니 천사가 그를 어루만지며 그에게 이르되 일어나서 먹으라 하는지라 본즉 머리맡에 숯불에 구운 떡과 한 병 물이 있더라 이에 먹고 마시고 다시 누웠더니 여호와의 천사가 또 다시 와서 어루만지며 이르되 일어나 먹으라 네가 갈 길을 다 가지 못할까 하노라 하는지라 이에 일어나 먹고 마시고 그 음식물의 힘을 의지하여 사십 주 사십 야를 가서 하나님의 산 호렙에 이르니라"(왕상 19:5-8).

베드로도 마찬가지입니다. 주님을 세 번이나 부인했습니다. 부인을 해도 그냥 보통으로 한 것이 아니라, 맹세하고 저주하면서 주님을 부인했습니다.

"베드로가 바깥 뜰에 앉았더니 한 여종이 나아와 이르되 너도 갈릴리 사람 예수와 함께 있었도다 하거늘 베드로가 모든 사람 앞에서 부인하여 이르되 나는 네가 무슨 말을 하는지 알지 못하겠노라 하며 앞문까지 나아가니 다른 여종이 그를 보고 거기 있는 사람들에게 말하되 이 사람은 나사렛 예수와 함께 있었도다 하매 베드로가 맹세하고 또 부인하여 이르되 나는 그 사람을 알지 못하노라 하더라 조금 후에 곁에 섰던 사람들이 나아와 베드로에게 이르되 너도 진실로 그 도당이라 네 말소리가 너를 표명한다 하거늘 그가 저주하며 맹세하여 이르되 나는 그 사람을 알지 못하노라 하니"(마 26:69-74).

그때 베드로의 눈과 주님의 눈이 딱 마주쳤습니다. 그러자 곧바로 닭 울음소리가 들려왔습니다. 그 순간 베드로가 주님이 하신 말씀이 기억 났습니다.

"네가 닭 울기 전에 세 번 나를 부인하리라."

베드로는 밖으로 나가 대성통곡을 하였습니다.

그러나 아직 베드로의 마음에 사죄의 확신이 오지 않았습니다. 용서의 확신이 오지 않았던 것입니다. 자신의 죄가 너무나 크게 느껴졌기 때문입니다.

'세상에 이 못난 놈이 저렇게 좋으신 분을 세 번이나 부인하다니! 어떻게 주님을 내가 맹세하고 부인할 수 있단 말인가!'

베드로는 아무리 주님을 불러도, 아무리 주님의 이름을 붙잡고 회개하고 통곡을 해도 용서의 확신이 오지 않았습니다. 그래서 스스로 실망해서, 이렇게 생각했을 것입니다.

'나 같은 놈이 무슨 주의 일을 한다고……. 내가 무슨 수제자냐? 사랑하는 주님을 세 번이나 부인하고, 그것도 맹세하면서까지 부인했으니……. 주의 일은 무슨 주의 일, 고기나 잡으러 가자."

베드로는 다 포기하고 갈릴리 바다로 돌아갔습니다. 그런데 이상하게 그날 밤새도록 고기가 한 마리도 잡히지 않았습니다. 거기서 또 상처받고 양심의 가책을 받은 것입니다.

'나는 이제 고기잡이도 안 되겠구나!'

베드로의 마음속에 주님 생각이 났습니다. 비록 용서받지는 못한 것 같지만, 그래도 주님을 따라다닐 때가 제일 좋았다는 생각이 듭니다. 기도 훈련 받고, 말씀 훈련 받고 함께 다니며 하나님 나라의 복음을 전할 때가 좋았던 것 같습니다. 그러니까 주님이 더 생각나는 것입니다. 그래서 마음속으로 주님을 기다리며 애타게 불렀을 것입니다.

'예수님, 저는 주님 앞에 다시 나아갈 자신이 없습니다. 주님이 저를 찾아와 주세요. 제가 얼마나 주님을 기다리고 있는지 아시지요?'

베드로는 마음속으로 애처롭게 주님을 기다렸습니다. 왜냐하면 주님이 갈릴리에서 만나자고 하셨기 때문입니다. 마음속으로 계속 해서 주님을 찾고 부르짖었을 것입니다.

이것은 요한이 "주님이시다!" 라고 외치자마자 당장 겉옷을 벗어 던지고 헤엄쳐 주님께 갔던 행동을 통해서 알 수 있습니다(요 21:7). 베드로는 마음속으로 주님을 애타게 부르며 기다렸습니다.

그때 주님이 베드로를 찾아오셨습니다. 찾아오셔서 주님은 책망이 아닌 치유부터 해주셨습니다. 베드로의 영혼을 회복시켜 주셨습니다. 그래서 다시 베드로가 수제자로 세워지고, 성령의 능력을 받은 후에는 한 번 설교에 3천 명, 5천 명이 회개하고 변화되는 역사가 일어난 것입니다. 그리고 끝까지 자신에게 주어진 사명을 잘 감당하면서 거꾸로 십자가를 지고 순교하기에 이릅니다.

우리 주님은 우리를 찾아와 주시는 분입니다. 그래서 우리의 영혼을 회복시켜 주시고, 우리의 마음과 생명을 치유해 주십니다.

♪ 나를 위해 오신 주님 나의 죄를 위하여서
유대 민족들에게 잡히시던 그날 밤에
아무런 말도 없이 우리에게 사랑을
보여주신 주님 예수 십자가를 지셨네
그러나 언젠가 주님을 부인하며 원망하고 있을 때에
나에게 오셔서 사랑의 손길로 어루만지셨네
거절할 수 없어 외면할 수 없어 주님의 그 손을 잡았었네
주님의 사랑에 뜨거운 눈물을 흘리고야 말았다네

그러면 주님은 우리 마음만 치유하시는 분입니까? 아닙니다. 목자 되신 우리 하나님은 우리의 육체도 치유해 주십니다. 이스라엘 백성

들이 애굽에서 나와서 광야를 행진할 때, 3일 동안이나 물이 없어서 얼마나 큰 곤욕을 치렀는지 모릅니다.

그리고 3일이 지나서야 겨우 '마라'(מרה)라는 곳에서 물을 마실 수 있게 되었습니다. 그런데 그 물이 얼마나 쓴지 그 물마저도 마실 수가 없었습니다. 백성들은 한없이 불평하며 모세를 원망하였습니다.

우리의 전 인격을 치유하시는 하나님

하나님께서는 모세를 통해 그 쓴물을 단물로 만들어 주셨습니다. 그리고 그들을 위하여 법도와 율례를 정해 주시고 그들을 시험하셨습니다.

"너희가 나의 말을 들어 순종하고, 내가 보기에 의를 행하며, 내 계명에 귀를 기울이며, 내 모든 규례를 지키면 내가 애굽 사람에게 내린 모든 질병 중 하나도 너희에게 내리지 아니하겠다."

하나님이 이렇게 말씀하신 이유가 무엇입니까? 바로 하나님은 치료하시는 여호와이시기 때문입니다.

> "거기서 여호와께서 그들을 위하여 법도와 율례를 정하시고 그들을 시험하실새 이르시되 너희가 너희 하나님 나 여호와의 말을 들어 순종하고 내가 보기에 의를 행하며 내 계명에 귀를 기울이며 내 모든 규례를 지키면 내가 애굽 사람에게 내린 모든 질병 중 하나도 너희에게 내리지 아니하리니 나는 너희를 치료하는 여호와임이라"(출 15:25 하-26).

하나님은 우리를 치료하시는 분입니다. 하나님은 우리 영혼과 마음의 상처만 소생시키시는 분이 아니라, 우리의 육체의 질병도 고쳐 주시는 분입니다. 즉, '여호와 라파' (יהוה רפא)의 하나님입니다.

목자는 병약한 양들을 치료하는 일뿐만 아니라, 예방하는 일까지 합니다. 그래서 양들에게 상처나 질병이 없도록 하기 위해 좋은 길로 인도하는 것입니다. 양들이 병들거나 다치지 않도록 하기 위해서 반드시 바른 길, 옳은 길, 의의 길로 인도합니다. 목자 자신의 명예를 위해서 그렇게 하는 것입니다.

목자의 명예

고대 근동 사회에서 사람들은 명예를 소중히 생각했습니다. 이스라엘도 마찬가지였습니다. 그들은 돈이나 재물보다 명예를 더 중요하게 생각했습니다. 그래서 이스라엘 가족 공동체는 항상 명예로워야 합니다. 당시에 사람들은 "너는 누구 집 자식이냐? 어느 지파의 어느 집안 자식이냐?" 하고 물어 보았습니다.

그 명예가 목자들에게도 있었습니다. 당시 건기 때가 되면 목자들은 양을 데리고 유대 광야로 갑니다. 양이 100마리, 200마리 이상이 되면 주인이 직접 끌고 나가지만, 20-30마리 정도면 삯을 줘서 보통 다른 목자들에게 맡깁니다. 그러니 동네 사람들이 몇 명의 목자를 세워서 그들에게 동네 양떼를 다 맡기는 것입니다.

그리고 돌아오면 목자들이 양떼를 잘 돌봤는지 관심을 가지고 점검합니다. 그때 목자들의 능력이 드러납니다. 어떤 목자는 양을 정성스럽게 잘 돌보아서 새끼도 많이 낳아서 돌아옵니다. 그것이 그 목자에게는 아주 영광된 일이고 명예가 되는 것입니다. 그런데 어떤 목자는 양을 곰이나 이리에게 빼앗깁니다. 또 양들이 다쳐서 오기도 하고, 병들어서 죽기도 합니다.

처음 맡길 때는 30마리였는데 나중에 보니까 15마리 정도만 남았을 수도 있습니다. 그러면 그것이 목자에게는 수치가 됩니다. 그 목자의 명예가 실추되고, 목자로서 자존심을 잃게 되는 것입니다. 그러니 선한 목자는 양을 사랑하고 정성을 다해 보살피기에 양들이 많아질 수밖에 없습니다. 반면에, 나쁜 목자는 자기 양이 아니라고 정성껏 돌보지 않는 것입니다.

가끔 호기심 많은 양들은 목자 뒤에서 멀찌감치 천천히 가기도 합니다. 또 어떤 양들은 무리에서 이탈하기도 합니다. 그러면 목자는 여지없이 달려가서 그놈을 잡아와야 합니다. 다리를 부러뜨려서라도 데려와야 합니다. 그것이 참 목자입니다.

그런데 나쁜 삯꾼 목자는 그것을 그냥 방치합니다. 결국 맹수에게 잡아 먹히게 합니다. 이런 목자들은 평판이 안 좋고, 점점 사람들이 그에게 양을 맡기지 않게 되는 것입니다. 그 목자는 결국 실패한 목자가 되는 것입니다.

또한 선한 목자는 모든 양을 똑같이 사랑하며 품습니다. 혹시 내 양이 아닌 양을 돌보게 되더라도 정성스럽게 돌봅니다.

1) 삯꾼 목자의 정체성: 자기중심적

삯꾼 목자는 이기적인 목적으로 양을 끌고 갑니다. 항상 자신의 명성을 추구하고, 편협하게 행동합니다. 그리고 자기가 피곤하면 일단 쉬고 봅니다. 그러면서 아무렇게나 양을 방치합니다. 그러다 곰이나 이리라도 오면 양을 버려두고 도망가 버리는 것입니다. 이것이 삯꾼의 정체성입니다. 이런 사람에게 어떻게 양을 맡기겠습니까? 이런 사람은 수치스러운 목자요, 망할 목자입니다.

2) 선한 목자의 정체성 : 양을 위한 삶

선한 목자는 자신의 이름과 명예와 자존심을 걸고 양을 돌보는 목자입니다. 그는 온 정성과 힘을 다해 양을 치고 목양 일념의 삶을 삽니다. 이런 목자에게는 자동적으로 양이 더 많이 맡겨지는 것입니다. 바로 이런 사람은 성공한 목자요, 명예로운 목자가 됩니다. 그래서 목장이 양들로 가득하고 풍성해지는 것입니다.

요한복음 10장에도 보면 선한 목자로서의 예수님의 정체성을 볼 수 있습니다. 선한 목자는 참 목자입니다. 그래서 참 목자이신 예수님의 손에서 그 어떤 악한 세력도 양을 빼앗을 수 없습니다. 왜냐하면 예수님은 양을 위하여 목숨을 버리는 선한 목자이기 때문입니다.

"나는 선한 목자라 선한 목자는 양들을 위하여 목숨을 버리거니와" (요 10:11).

"나는 선한 목자라 나는 내 양을 알고 양도 나를 아는 것이 아버지께서 나를 아시고 내가 아버지를 아는 것 같으니 나는 양을 위하여 목숨을 버리노라"(요 10:14-15).

그렇다면 이 참 목자의 정체성은 무엇입니까?

(1) 하나님의 이름과 영광을 위하는 목자

이런 목자는 결코 자기 이름과 명성과 영광을 위해 목회하지 않습니다. 반드시 하나님의 이름과 영광을 위해 목회합니다. 하나님의 자존심을 걸고 목회하는 것입니다.

(2) 자신의 자존심을 거는 목자

참 목자는 목회적 자존심이 있어야 합니다. 하나님을 어떻게 하면 기쁘시게 할까를 늘 생각하며 목회합니다. 그리고 성도들을 절대 이단이나 우상 종교에 빼앗기지 않으려고 목숨을 겁니다.

갈멜 산에서의 엘리야의 기도를 기억하십니까? 그는 여호와 하나님이 참 하나님이신 것과 자신이 진짜 하나님의 종인 것을 나타내 달라고 기도합니다.

"저녁 소제 드릴 때에 이르러 선지자 엘리야가 나아가서 말하되 아브라함과 이삭과 이스라엘의 하나님 여호와여 주께서 이스라엘 중에서 하나님이신 것과 내가 주의 종인 것과 내가 주의 말씀대로 이 모든 일을 행하는 것을 오늘 알게 하옵소서"(왕상 18:36).

(3) 양을 위해 목숨을 줄 수 있는 목자

"나는 선한 목자라 선한 목자는 양들을 위하여 목숨을 버리거니와"(요 10:11).

선한 목자는 양을 위해 자신의 목숨을 버릴 줄 알아야 합니다. 항상 양을 생각하고, 양의 안위를 위해 모든 것을 헌신할 줄 알아야 합니다. 그런 의미에서 우리 예수님은 참으로 선한 목자이십니다. 하나님의 사랑으로 이 땅에 오셔서 십자가에서 우리의 죗값을 대신 지불하신 참된 목자입니다. 예수님은 우리를 위해 목숨만 버리셨을 뿐 아니라 부활, 승천하셔서 지금도 우리를 인도하고 계십니다.

♪ 선한 목자 되신 우리 주 항상 인도하시고
방초 동산 좋은 곳에서 우리 먹여 주소서
선한 목자 구세주여 항상 인도합소서
선한 목자 구세주여 항상 인도합소서

이처럼 고대 근동의 목자들은 자기 이름과 명예를 위하여 양들을 의의 길로 인도했습니다. 그러면 여기서 말하는 '의의 길' 이란 무엇입니까? 우리가 이것을 알기 위해서는 유대 광야의 지리적 배경을 알아야 합니다. 광야에는 수많은 길들이 있습니다. 특히 목초지로 가는 길, 푸른 초장으로 가는 길은 많습니다.

양을 위한 의의 길

예컨대, 같은 목초지로 가더라도 낭떠러지나 절벽을 끼고 형성된 길이 있을 수 있습니다. 물론 그런 길은 피해야 하는데, 반면 목초지에 빨리 도착할 수 있는 장점이 있습니다.

그래서 어떤 목자는 자기 편한 대로 그런 급경사의 수직로를 선택하여 양을 데리고 가기도 합니다. 이런 목자는 양에 대한 배려가 전혀 없다고 말할 수 있습니다. 이 양들은 목자를 따르다가 다치기도 하고, 낭떠러지에 떨어져 죽기도 합니다. 바로 이런 길은 양들에게 있어서는 불의의 길이요, 옳지 못한 길입니다.

한편 수직로도 있지만 우회의 길도 있습니다. 이 우회 길은 완만하고 안전한 길입니다. 조금 돌아가는 불편함은 있지만 길이 완만해서 양들이 걷기 좋은 길입니다. 물론 거리가 멀어서 목자에게는 귀찮은 길일 수 있지만, 이 우회의 길이 양들에게는 가장 안전한 길입니다. 양들이 보호받을 수 있는 좋은 길이기 때문입니다.

유대 광야의 양의 길

참 목자는 이런 길을 선택해서 양들을 몰고 갑니다. 그래야 양들에게 사고가 없습니다. 이 길이 양들에게 있어서 의의 길이요, 옳은 길이요, 바른 길입니다. 선한 목자는 이 길을 선택해서 양을 데리고 가서, 마침내 푸른 초장에서 양들에게 풀을 뜯게 하고, 또 이 길을 통해서 쉴 만한 물가로 인도합니다.

이런 길로 가는 양들은 저절로 번성할 수밖에 없습니다. 그리고 목자는 자동적으로 자기 이름의 명예와 명성을 얻게 됩니다. 이것이 바로 "자기 이름을 위하여 의의 길로 인도한다"는 말의 뜻입니다. 왜냐하면 다윗이 목동 생활을 하며 이것을 잘 알았기 때문입니다. 다윗이 하나님을 섬기면서 자신에게 하나님이 선한 목자가 되어 주셔서, 자기 이름을 위하여 의의 길로 인도해 주셨다는 것을 알게 된 것입니다.

사실 그때 다윗은 너무나 힘들고 고달팠습니다. 먼 길을 걷는 것처럼 느껴졌습니다. 빨리 자신이 왕이 되고 하나님의 언약이 이루어지면 얼마나 편하겠는가 생각했습니다. 그런데 하나님은 오랜 시간 동안, 그것도 천천히 다윗을 광야의 길로 인도하셨습니다. 그리고 엄청난 연단을 통해 훈련하셨습니다.

그런데 그것이 결국 누구를 위한 것이었습니까? 다윗을 위한 것이었고, 궁극적으로는 바로 하나님 자신을 위한 것이었습니다. 즉, 하나님의 이름과 명예와 영광을 위해서였습니다. 다윗은 광야에서 10여 년 동안 사울에게 쫓겨 다녔습니다. 그때 다윗은 그 생활이 너무나 지루하고 길게만 느껴졌습니다. 그런데 알고 보니 그 길이 다윗에게는 의의 길이었습니다. 그것이 바로 올바른 길이고, 합력하여 선을 이루는 길이며, 엄청난 축복의 길이었습니다.

하나님의 의의 길

그러나 그것은 다윗을 위한 의의 길로만 끝나지 않았습니다. 그것은 바로 하나님의 명예와 영광을 위한 길이었습니다. 다윗이 자칫 교만하여 망했다가는 하나님의 명예와 영광이 실추될 수 있기 때문입니다. 그래서 하나님은 자신의 명예와 영광을 위해서 다윗을 가장 안전한 길, 우회의 길로 인도하신 것입니다.

그렇게 해서 10여 년의 세월이 흐른 뒤, 마침내 하나님은 다윗을 유대 왕으로 세우셨습니다. 그리고 유대 왕으로 7년을 다스리게 하시며 테스트하신 뒤에 온 이스라엘의 왕이 되게 하셨습니다. 그러고 나서는 고대 근동의 주변 나라들을 다스리는 왕 중의 왕이요, 황제 중의 황제가 되게 하셨습니다. 바로 여기서 다윗은 하나님이 자기 이름을 위하여 의의 길로 인도하시는 분이라고 고백한 것입니다.

당시 가나안에는 가나안 종교, 바알 숭배가 편만했습니다. 그래서 많은 사람들이 바알 신을 섬겼습니다. 그런 때와 상황에서 하나님은 자기의 명예와 이름을 생각하지 않을 수가 없었습니다. 그래서 자신의 명예와 자존심을 걸고 다윗을 의의 길, 축복의 길로 인도하셨던 것입니다.

오늘도 마찬가지입니다. 하나님은 당신의 이름을 위하여 우리를 항상 의의 길로 인도하십니다. 항상 우리를 좋은 길로 인도하시고 합력하여 선을 이루는 길로 인도하십니다.

저의 삶도 마찬가지입니다. 하나님은 저를 항상 좋은 길로 선한 길로 인도하여 주셨습니다. 사람들이 볼 때는 어리석은 것 같으나 하나님의 감동에 순종하며 따랐을 때 그 길은 언제나 나를 살리는 길이요, 축복의 길이었습니다.

저는 예수 믿고 집에서 쫓겨난 후에 갈 곳이 없었습니다. 그래서 친구 집을 전전하거나 아니면 교회의 기도실에서 잠을 자곤 했습니다. 그야말로 떠돌이 집시 생활이었습니다. 그러던 중 대학 진학을 앞두고 진로를 결정해야 할 때가 다가왔습니다. 군산에서 고등학교를 다닐 때 성적은 마음만 먹으면 얼마든지 서울로 진학할 수 있을 정도는 되었습니다.

그러나 떠돌이 생활을 할 때 도움을 주고, 함께 기도해주시던 집사님께서 자꾸 광주로 내려가라는 것입니다. 그곳에서 광주에 있는 어느 큰 교회의 목사님을 만나라고 자꾸 권면하는 것이 아닙니까? 그 당시 그 교회는 호남을 대표하는 가장 큰 교회였으며 담임목사님 또한 정치적인 영향력이나 모든 면에서 교계를 주도하던 저명한 목사님이셨습니다. 그 목사님은 꿈이 있고, 재질이 있는 신학생들을 발굴하여 잘 키워주시는 분이라면서 말입니다.

그래서 저도 진로를 두고 계속해서 기도를 하는데 성령님께서도 광주로 내려가기를 원한다는 감동이 밀려왔습니다. 그래서 전주나 서울도 아닌, 태어나서 한 번도 가본 적이 없는 광주로 나그네의 발걸음을 옮기게 된 것입니다. 하나님의 은혜와 인도하심은 사람의 생각을 뛰어넘는 크고 놀라운 것이었습니다. 생전 가보지도 못한 광주광역시라는 곳이었지만 그곳에서 마침내 내 영혼의 활활 타오르는 용광로, 선지동산으로 오르게 될 줄이야 누가 알았겠습니까?

그러나 제가 처음부터 모든 것을 만족한 것은 아닙니다. 집사님께서 한 번 찾아가서 만나 뵈라고 말한 광주 모교회의 목사님은 저를 보시고는 따뜻한 말 한 마디 건네주지 않고 본체만체하는 것입니다. 그도 그럴 것이 남원 시골에서 올라온 더벅머리 청년이 무작정 찾아와서 "하나님이 환상을 보여주셨는데 뜻을 좇아 이곳까지 왔습니다. 나중에 반드시 큰 종이 되어 큰 목회를 할 것입니다……" 두서없이 이야기를 하니 그 목사님께서 저를 어떻게 보셨겠습니까?

또 한 가지는 학교였습니다. 저는 그 학교를 보는 순간부터 실망

했습니다. 학교 캠퍼스가 너무 왜소했기 때문입니다. 그런데 그곳에서 평생의 은인이요, 제 목회의 영적 스승이신 박종삼 목사님을 만나게 되었습니다. 저는 그렇게도 근엄하게 생기신 박종삼 교장 목사님 앞에서 철없이, 아니면 건방진 모습으로 제 이야기를 떠벌였습니다. 제가 '이런 환상도 보고 이런 응답도 받았느니……' 하면서 적어도 하나님의 인도로 이곳까지 왔다고 말입니다.

그때 일은 지금 생각해도 쥐구멍으로 들어가고 싶을 정도로 부끄러운 일입니다. 감히 그런 어르신 앞에서 철없이 떠들어댔으니까요. 그러나 교장 목사님이 제 이야기를 깊이 들으시더니 너무도 자상하게 이렇게 말씀하셨습니다.

"자네! 진짜 소명감이 충만하면 우리 학교로 오게. 요즘 자유주의로 흘러가는 신학교들이 많은데 자네같이 아무것도 모르는 학생이 신학교 잘못 갔다가 영 못쓰게 될 수도 있네. 우리 학교는 보수주의 신학교이고 교수진도 자랑할 만하지. 만일 시험을 쳐서 자네가 1등 합격을 하면 하나님 뜻인 줄 알고 내가 자네를 믿음의 아들로 삼고 자네를 키워보겠네."

결국 저는 교장 목사님의 말씀 한마디에 광주신학교(현 광신대학교)에 입학하게 되었습니다. 정말 하나님의 인도하심은 놀라웠습니다. 태어나 생전 처음으로 가본 광주에서 4년간 신학교를 다니고, 거기에서 제 평생 목회의 은인이신 장모님 정금성 권사님을 만나게 되었으며, 제 목회의 잊을 수 없는 동역자 문정남 장로님과 김현숙 권사님 부부를 만날 줄이야 누가 알았겠습니까?

정말 하나님의 신비스런 역사로 만나게 된 분들이었습니다. 그곳에서 저는 꼭 필요한 사람을 만났고, 그 무엇과도 바꿀 수 없는 주님을 향한 첫사랑으로 열심을 불태우며 소중한 꿈을 가꾸어갈 수 있었습니다. 저는 그 학교에서 목회자로서 갖추어야 할 값진 기본을 훈련받는 축복을 누릴 수 있었습니다. 그러므로 하나님은 저를 생명과 의의 길로 인도해 주신 것입니다.

—

우리는 큰 길이 좋은 길이고, 직선의 길이 좋은 길이며, 빠른 길이 의의 길이라고 생각합니다. 그러나 하나님은 우리를 그런 길이 아닌, 머나먼 광야의 길로 인도하실 때가 있습니다. 먼 길을 돌아서 가게 하실 때가 있습니다.

그럴 때 우리는 하나님께 원망하거나 불평해서는 안 됩니다. 하나님이 너무하신다고 푸념하거나 탄식하면 안 됩니다. 우리 자신보다 우리를 더 잘 아시고 더 사랑하시는 분이 하나님이기 때문입니다. 그리고 선한 목자이신 우리 하나님이 당신의 명예와 영광을 위해 우리를 의의 길, 안전하고 바른 길로 인도하시기 때문입니다. 우리는 그것을 믿고 불평해서는 안 됩니다.

그러니 우리 주님이 참으로 좋으신 하나님이 아닐 수 없습니다. 자기의 이름과 명예와 영광을 위하여 우리를 의의 길로 인도해 주시니 참으로 영광을 받으실 분입니다. 혹시 우리가 교만하여 망할까봐, 그래서 자기 명예에 지장이 있을까봐 우리를 광야의 길로 인도해 주시는 분입니다. 우리가 상처받고 병들어 절망할 때도, 우리의 생명을 소생시켜 주시고 회복시켜 주시는, 감사와 찬양을 받으시기에 합당한 분입니다.

그러므로 우리는 이 하나님을 진정한 목자로 모셔야 합니다. 그리고 선한 목자 되신 주님을 더 잘 섬겨야 합니다.

5장
두려움이 없는 삶

내가 사망의 음침한 골짜기로 다닐지라도 해를 두려워하지 않을 것은
주께서 나와 함께 하심이라 주의 지팡이와 막대기가 나를 안위하시나이다
(시 23:4)

5장 두려움이 없는 삶

시편 23편의 배경은 뉴질랜드나 호주 같은 곳이 아닌 유대 광야입니다. 그런데 그곳에 사는 양들에게는 2-3월이 천국입니다. 그때에는 집 주변에도 풀이 넘칩니다. 꽃들도 만발하고 녹음이 전성기를 이룹니다.

그러나 4월이 지나고 5월부터는 양들의 지옥이 시작됩니다. 이때 양들은 새로운 목초지를 구하기 위해 목자를 따라 먼 길을 떠납니다. 그 목초지는 대부분 응달진 높은 북쪽 비탈길에 있습니다.

목자는 목초지에 도달하기 위해 보통 두 가지 길을 선택할 수 있습니다. 하나는, 목자에게 편리한 길입니다. 이 길은 양들에게는 불리하고 불편한 길입니다. 성경의 표현을 빌리자면 양들에게는 '불의한 길' 입니다. 그러나 다른 한 길은, 목자에게는 좀 불편해도, 양들에게는 편하고 안전하고 좋은 길입니다. 참 목자는 양들을 위해

편리한 길을 선택합니다. 바로 이 길이 '의의 길' 입니다.

하나님은 선한 목자이시기에 지금도 항상 우리를 의의 길로 인도하십니다. 우리가 볼 때는 좋지 않은 길이고 불의한 길이라고 생각될 수도 있지만, 하나님이 보시기에 그 길은 의의 길이고 복된 길입니다.

의의 길

이스라엘 백성들이 출애굽했을 때 하나님은 그들을 광야의 길로 인도하셨습니다. 하나님은 빠른 길로 인도하실 수도 있었습니다. 빠른 길로 가면 몇 주 만에 가나안 땅에 도착할 수 있었습니다. 블레셋 땅을 통과해서 가는 길이 그 길입니다. 그러나 하나님은 이스라엘을 그 길로 인도하지 않으셨습니다.

블레셋 족속은 굉장히 호전적이고 전투적인 사람들이었습니다. 그들은 거인족의 후예요, 해적 노릇을 하고 산 족속입니다. 만약 블레셋 족속들이 이스라엘 백성들이 지나가는 길에서 기습 공격을 하면 이스라엘 백성들이 다치게 되고 이스라엘 백성들이 애굽으로 돌아가자고 할 것이 뻔하였습니다. 그래서 하나님은 이스라엘을 그 길로 인도하지 않으시고 광야 길로 인도하신 것입니다.

그 길은 비록 더디고 멀고 힘든 길이었지만, 하나님 보시기에 이스라엘 백성들에게 있어 의의 길이고 옳은 길이었습니다. 그래서 다윗은 노래를 불렀습니다. 하나님께서 선한 목자가 되셔서 자기 평생에 의의 길로 인도하셨다고 말입니다. 하나님은 진실로 다윗을 의의 길로 인도하셨습니다. 광야에서 사울에게 쫓겨 다닐 때도 그 길이

의의 길, 유익한 길이었다는 것입니다.

그런데 아무리 의의 길로 인도한다 하더라도, 푸른 초장과 쉴 만한 물가를 찾기 위해서는 반드시 '와디 켈트(Wadi Qilt)' 의 협곡을 지나야 합니다. 목자가 아무리 가파른 길을 피하고 완만한 우회의 길을 선택하여 양들을 데리고 간다 하더라도, 반드시 처음에 통과해야 하는 길은 '와디 켈트' 라는 협곡입니다. '와디 켈트' 라는 곳이 어떤 곳인지는 먼저 그림을 보면 알 수 있습니다.

와디 켈트

이 길은 협곡의 길입니다. 이 길은 하루에 두어 시간만 빼놓고 대낮에도 캄캄합니다. 그런 곳에는 통상 물이 있습니다. 물이 고여 있기에 그곳에는 맹수들도 숨어 있습니다.

목자는 푸른 목초지를 구하기 위해서 반드시 이 골짜기를 거쳐 갑니다. 양들은 기본적으로 어둠을 싫어합니다. 어둠 속으로 가면 본능적으로 두려워합니다. 그러나 맹수들은 기본적으로 어둠을 좋아합니다. 그래서 밤에 활동하거나, 어두침침한 협곡의 길에서 활동하는 것입니다. 따라서 양들이 그 어두운 골짜기를 지나갈 때, 맹수들이 숨어 있다가 공격하는 것입니다.

맹수의 발자국

양들은 이 음침한 골짜기를 어쩔 수 없이 통과해야 합니다. 푸른 초장을 찾기 위해서 말입니다. 바로 이곳이 양들에게 사망의 음침한 골짜기입니다. 이런 골짜기를 통과할 때 목자는 보통 신경을 쓰는 것이 아닙니다.

20-30마리만 데리고 가면 목자 혼자 긴장을 하고 가면 되지만, 200-300마리 양들을 데리고 가면 앞에 책임 목자가 서고, 뒤에는 관리 목자가 따라갑니다. 절대 경계 태세를 늦추지 않고 주위를 살피며 이동합니다. 언제 어느 때 맹수가 와서 양들을 물어갈지 모르기 때문입니다. 그러기에 목자는 경계 태세와 긴장을 늦추지 않고 양들을 보호하며 가야 합니다.

아무리 사망의 음침한 골짜기라 할지라도 양들은 자기 곁에 목자만 있으면 절대로 두려워하지 않습니다. 왜냐하면 목자가 든든하게 지켜주기 때문입니다.

유대 광야의 음침한 골짜기

더구나 목자는 맨손으로 가는 것이 아니라 손에 지팡이와 막대기를 들고 갑니다. 그 지팡이와 막대기를 잡고 양들을 거느리고 가기 때문에 양들은 더욱 안심할 수 있습니다. 그래서 시편 23편 4절은 이렇게 말하고 있습니다.

"내가 사망의 음침한 골짜기로 다닐지라도 해를 두려워하지 않을 것은 주께서 나와 함께하심이라 주의 지팡이와 막대기가 나를 안위하시나이다."

다윗은 자기가 유대 광야에서 목동 생활을 했기에 이 사실을 너무나 잘 압니다. 자기도 양들을 푸른 목초지로 이끌고 가기 위해 부득불 그 '와디 켈트' 같은 협곡을 지나갔을 것입니다. 이 길은 대낮에 가도 소름끼치는 길입니다. 그래서 막대기와 지팡이를 가지고 가는 것입니다. 막대기와 지팡이를 가지고 근신하면서 경계 태세를 늦추지 않고 양들을 데리고 갑니다. 그래야 양을 잃지 않습니다.

목자가 경계 태세를 늦추고 적당히 어슬렁거리면서 가면 맹수가 더 잘 압니다. 그래서 목자는 손에 막대기와 지팡이를 들고 경계를 늦추지 않고 갑니다.

1. 당시 막대기는 어떻게 생겼으며, 어떤 역할을 했습니까?

1) 막대기는 양을 구원하고 보호하는 역할을 했습니다

'막대기' 라는 말은 히브리어로 '쉐베트' (שבט)입니다. 이를 제대로 번역하면 '몽둥이' 라는 말입니다. 생김새는 야구 방망이같이 생겼습니다. 손잡이는 가늘고 타격하는 곳은 두껍습니다. 이 막대기는 감람나무에서 나오는 새순 가지로 만들었습니다. 새순 가지이지만 얇지는 않습니다. 원줄기나 밑동에서 나오는 새순 가지이기 때문입니다.

새순 가지는 '네쩨르' (נצר)라는 말입니다. 이 말은 나실인을 표현하는 '나찌르' 라는 말과 관련 있습니다. 그리고 예수님이 자라신 '나자렛' 과도 연결되는 말입니다. 다시 말해, 목자들은 새순 가지에서 나온 '네쩨르' 로 막대기를 만드는데, 이 막대기라는 말이 '나찌르' (나실인)라는 말과 연결되며, 신약의 '나사렛' 이라는 말로 이어진다는 것입니다.

예수님이 바로 나사렛 출신입니다. 이것을 쉽게 등식 관계로 설명하면 다음과 같습니다.

네쩨르(새순 가지) ⇒ 나찌르(나실인) ⇒ 나사렛(메시아)

여기에서 목자의 막대기는 양의 보호와 구원을 교훈하고 있습니다. 그리고 실제로 목자는 이 막대기로 양을 보호하고 구원합니다. 맹수가 나타나면 목자는 이 야구 방망이 같은 막대기로 맹수를 위협하고 공격합니다. 사자가 되었건 곰이 되었건, 이 막대기로 공격하면 어지간한 짐승은 본능적으로 도망을 갑니다. 그러니 맹수들은 목자가 막대기를 가지고 있는 것을 보면 감히 양을 공격할 수 없는 것입니다.

이와 같이 이 막대기는 양들에게 구원의 도구입니다. 구원의 홀(규)이 아닐 수 없습니다. 다윗은 이것을 누구보다 더 잘 알았습니다. 자기도 막대기를 갖고 다녔기 때문입니다. 그 막대기로 양들을 보호했기 때문입니다.

그런데 자기가 하나님을 섬기다 보니, 하나님이 영락없는 자신의 목자입니다. 바로 목자 되신 하나님이 항상 막대기를 가지고 자기를 지켜주셨던 것입니다. 그렇게 사울이 무섭게 자기를 공격할 때마다 하나님은 영적인 막대기로 지켜주셨고, 영적인 몽둥이로 보호하고 구원하셨던 것입니다. 진정한 막대기는 하나님이 갖고 계셨던 사실을 다윗은 뼛속 깊이 경험했습니다.

이 구원의 막대기는 구원사적으로 볼 때 예수 그리스도이신 것을 우리가 압니다. 하나님은 예수 그리스도를 통해 우리를 구원해 주셨고, 사탄의 머리를 깨버리셨습니다. 그래서 성경을 보면 예수 그리스도를 이새의 줄기에서 나오는 한 싹 '네쩨르' 라고 표현하고 있습니다.

> "이새의 줄기에서 한 싹이 나며 그 뿌리에서 한 가지가 나서 결실할 것이요 그의 위에 여호와의 영 곧 지혜와 총명의 영이요 모략과 재능의 영이요 지식과 여호와를 경외하는 영이 강림하시리니"(사 11:1-2).

이 새싹 혹은 막대기라는 뜻의 '네쩨르' 는 나실인과 연결되어 있고, 신약의 나사렛과 연결되어 있습니다. 예수 그리스도가 나사렛 출신이었고, 나사렛에서 나오신 예수 그리스도께서 십자가에서 죽으심으로 사탄의 머리를 박살내 버리신 것입니다. 이로써 우리가 구원을 받은 것입니다. 바로 이 사실을 창세기는 원복음으로 계시합니다.

"내가 너로 여자와 원수가 되게 하고 네 후손도 여자의 후손과 원수가 되게 하리니 여자의 후손은 네 머리를 상하게 할 것이요 너는 그의 발꿈치를 상하게 할 것이니라 하시고"(창 3:15).

이 하나님의 구원의 막대기는 바로 예수 그리스도입니다. 하나님이 바로 이 예수 그리스도를 통해 우리를 구원해 주셨기 때문입니다.

♪ 나 같은 죄인 살리신 주 은혜 놀라워
잃었던 생명 찾았고 광명을 얻었네 (찬 305장)

♪ 아 하나님의 은혜로 이 쓸데없는 자
왜 구속하여 주는지 난 알 수 없도다
(후렴) 내가 믿고 또 의지함은 내 모든 형편 아시는 주님
늘 보호해 주실 것을 나는 확실히 아네 (찬 310장)

이처럼 목자들의 막대기도 당시 양들에게 구원의 막대기요 보호의 막대기였습니다. 이것은 한마디로 '구원의 규' 라고도 할 수 있습니다. '구원의 규' 하면 우리는 모르드개와 에스더를 떠올리게 됩니다.

구원의 막대기

아하수에로 왕이 메대 바사를 통치하고 있을 때, 하나님의 은혜로 유대인의 딸 에스더가 왕후가 되었습니다. 에스더는 모르드개라고 하는 사람의 조카였고 이 모르드개는 당시 왕궁의 문지기였습니다.

이 모르드개가 당시 아하수에로 왕 밑에서 최고의 권력을 휘두르던 하만의 눈에 거슬렸습니다. 그래서 하만이 모르드개와 유대인들을 죽이려고 흉계를 꾸몄습니다. 그 음모는 다른 것이 아니라 왕에게 아부를 잘하여, 유대인들을 궁지에 몰아넣는 것입니다.

하만은 이 나라에 사는 포로민 중에 왕의 법을 지키지 않는 사람이 있다고 고발합니다. 왕이 섬기는 신도 안 섬기며, 그들이 섬기는 신만 섬기는 자들이 있다고 고자질하였습니다. 그들을 그대로 두었다간 큰 역적이 되어서 나라를 위태롭게 할 것이기에, 사전에 처치해야 한다고 왕을 충동하였습니다.

"하만이 아하수에로 왕에게 아뢰되 한 민족이 왕의 나라 각 지방 백성 중에 흩어져 거하는데 그 법률이 만민의 것과 달라서 왕의 법률을 지키지 아니하오니 용납하는 것이 왕에게 무익하니이다 왕이 옳게 여기시거든 조서를 내려 그들을 진멸하소서 내가 은 일만 달란트를 왕의 일을 맡은 자의 손에 맡겨 왕의 금고에 드리리이다 하니 왕이 반지를 손에서 빼어 유다인의 대적 곧 아각 사람 함므다다의 아들 하만에게 주며 이르되 그 은을 네게 주고 그 백성도 그리하노니 너의 소견에 좋을 대로 행하라 하더라"(에 3:8-11).

지금 하만은 모르드개만 죽이려고 하는 것이 아닙니다. 그 나라에 사는 모든 유대인들을 몰살시키려 하고 있습니다. 그러나 아하수에로 왕은 어느 민족인지 확인도 하지 않고 조서에 어인을 찍었습니다. 그래서 메대 바사의 온 이스라엘 백성들은 모두 죽임을 당해야 할 형편에 놓였습니다. 그 누구를 막론하고 이스라엘 백성이라면 한 날에 모두 몰살되어야 할 입장에 처해진 것입니다.

이 소식을 들은 모르드개가 얼마나 기가 막혔겠습니까? 그는 겉옷을 찢고 굵은 베옷을 입고 대성통곡을 합니다. 그리고 이 사실을 에스더 왕후에게 알립니다. 왕후가 된 것은 이때를 위함이 아니냐고 하며 이 소식을 알립니다.

"이 나라의 온 유대인이 다 죽어갈 형편에 놓였다. 유대인을 구하기 위해 네가 왕후가 된 것이 아니냐? 왕에게 잘 알려서 우리 이스라엘 민족을 구원해 달라!"

> "이때에 네가 만일 잠잠하여 말이 없으면 유다인은 다른 데로 말미암아 놓임과 구원을 얻으려니와 너와 네 아버지 집은 멸망하리라 네가 왕후의 자리를 얻은 것이 이 때를 위함이 아닌지 누가 알겠느냐 하니" (에 4:14).

이에 에스더는 모르드개에게 난색을 표합니다. 그 이유는 당시 아무리 왕후라 하더라도 왕 앞으로 함부로 나아갈 수 없기 때문입니다. 메대 바사 법에는 왕이 자기를 부르지도 않았는데 허락 없이 왕 앞에 나아가면, 죽임을 당할 수도 있었습니다.

그런데 왕이 자기를 30일이나 부르지 않았다는 것입니다. 이것은 보나마나 에스더에 대한 왕의 애정이 식어졌다는 것을 뜻합니다. 그러니 이런 상황에서 왕이 부르지도 않았는데 나아간다면 자신만 죽임을 당할 수도 있는 것입니다. 그래서 에스더는 모르드개에게 자기도 어쩔 수 없다고 난색을 표합니다.

> "왕의 신하들과 왕의 각 지방 백성이 다 알거니와 남녀를 막론하고 부름을 받지 아니하고 안뜰에 들어가서 왕에게 나가면 오직 죽이는 법이요 왕이 그 자에게 금 규를 내밀어야 살 것이라 이제 내가 부름을 입어 왕에게 나가지 못한 지가 이미 삼십 일이라 하라 하니라"(에 4:11).

그러나 모르드개는 막무가내입니다.

"네가 왕후가 된 것이 이때를 위함인 줄 어떻게 아느냐? 네가 우리 민족을 구하지 않아도 하나님은 다른 방법을 통해 우리 민족을 구원해 주실 것이다. 그렇게 되면 너와 네 집은 완전히 하나님 앞에 저주를 받고 말 것이다."

그러자 에스더가 마음에 결심을 하고 모르드개에게 한 가지를 부탁합니다.

"그러면 온 민족이 나를 위해 3일 동안 금식을 해주세요. 나도 금식 기도를 하고 사흘 후에 왕에게 나아가겠습니다. 죽게 되면 죽겠습니다."

이렇게 에스더는 죽을 각오를 하고 왕 앞에 나아갈 것을 결심했습니다.

이 상황에서 아마 에스더는 한 가지 가능성을 생각했을 것입니다. 왕이 부르지 않았는데도 왕후가 그 앞에 나아갈 때, 왕이 그녀를 향해 금 규를 내밀면 살 수 있습니다. 그러니 왕이 자기를 향하여 금 규를 내밀 것을 기도하면서, 기대하면서 나아가겠다는 것입니다. 자기가 왕에게 나아갈 때 왕이 감동할 수 있도록 온 민족이 3일을 금

식해 달라고 합니다. 자기도 왕이 감동하여 금 규를 내밀 수 있도록 금식하고 나아가겠다는 것입니다. 그리고 3일 동안 금식했습니다.

드디어 3일 후에 에스더가 두근거리는 가슴을 감추고 왕 앞에 나아갔습니다. 3일 금식하고 난 후의 그녀의 얼굴은 초췌했을 것입니다. 그래서 조금 치장을 했을지도 모릅니다. 그러나 아무리 준비를 잘 하고 가도 왕이 그녀를 보고 금 규를 내밀지 않으면 그녀는 당장 죽음을 면치 못하게 됩니다.

그런데 왕이 에스더를 보더니 "에스더여! 무슨 소원이 있어서 왔느냐? 내 나라의 절반이라도 주겠노라!" 하고 금지팡이를 내미는 것입니다.

> "제삼일에 에스더가 왕후의 예복을 입고 왕궁 안뜰 곧 어전 맞은편에 서니 왕이 어전에서 전 문을 대하여 왕좌에 앉았다가 왕후 에스더가 뜰에 선 것을 본즉 매우 사랑스러우므로 손에 잡았던 금 규를 그에게 내미니 에스더가 가까이 가 서 금 규 끝을 만진지라 왕이 이르되 왕후 에스더여 그대의 소원이 무엇이며 요구가 무엇이냐 나라의 절반이라도 그대에게 주겠노라 하니"(에 5:1-3).

에스더는 죽임을 당하지 않고, 왕 앞에 나아가서 오히려 큰 사랑을 받습니다. 그리고 왕을 잔치에 초대합니다. 그 잔치 자리에서 자기 백성들의 위기와 억울함을 하소연합니다. 그렇게 해서 하만이 죽임을 당하고 모르드개가 높임을 받는 대역전극이 벌어지게 됩니다.

바로 여기서 금 규라는 것이 이렇게 큰 역할을 한 것입니다. 이 금 규라는 말은 금으로 된 막대기를 말합니다.

이 금 규는 법을 초월합니다. 아무리 법으로 왕 앞에 못 가게 되어 있다 하더라도 왕이 금막대기만 내밀면 살 수 있습니다. 이것이 금막대기의 엄청난 힘이고 역할입니다. 이 막대기는 에스더에게 구원과 도움의 막대기였습니다. 그리고 보호의 막대기였습니다.

이와 마찬가지로, 양들에게 있어서 목자들의 막대기는 바로 보호의 막대기요, 구원의 막대기였습니다. 이 막대기로 양들을 지켰고, 맹수들의 공격으로부터 양들을 구원해 주었기 때문입니다.

♪ 주님의 지팡이가 안위하네 나를
주께서 원수 앞에 상으로 베푸시네
(후렴) 선한 목자 오 나의 목자여
생수가 넘치는 곳 날 인도하시네

2) 탈선하는 양을 경고하고 때리는 역할을 했습니다

양들 가운데는 가끔씩 탈선하는 양이 있습니다. 대부분의 양들은 무조건 목자를 잘 따라갑니다. 그러나 태생적으로 호기심이 많은 양들이 있습니다.

'저쪽 동굴에 어두컴컴한 곳이 있는데, 저기 뭐가 있을까? 풀이 있을까, 없을까?'

그리고는 그 동굴에 들어가 보는 것입니다.

아니면, 길을 떠나서 혼자 계곡 건너편으로 갑니다. 거기에 있는 풀이 먹고 싶어서 가는 것입니다. 또 저기에 꽃이 한 송이 피어 있으면 그것이 보고 싶어서 혼자 가는 것입니다. 목자가 가지 말라고 해도 갑니다. 사람들에게도 이와 같은 본능이 있습니다. 하지 말라고 하면 더 하고 싶은 본능 말입니다.

또 까부는 양도 있습니다. 이런 양들이 본능적으로 탈선을 잘합니다. 그것이 하나의 자랑이고 재미라고 생각합니다. 그렇게 해서 목자들에게 관심 받으려고 하는 것입니다.

그런 양들은 목자가 막대기로 때려 줍니다. 처음에는 살살 때려 주고, 안 고쳐지면 나중에는 좀더 세게 때려 줍니다. 안 죽을 만큼 때려 주는 것입니다. 왜 때립니까? 양을 맹수에게서 구원하기 위해서입니다. 맹수의 밥이 안 되게 하려는 것입니다. 그래도 버르장머리를 안 고치면, 이 몽둥이로 세게 때려서 까부는 양의 다리를 하나 부러뜨려 버립니다. 그러고는 목자가 그 양을 메고 갑니다.

징계의 막대기

그러니 이 막대기는 이런 면에서도 양에게 구원과 보호의 역할을 하는 것입니다. 그렇게라도 해야 양이 무사합니다. 하나님도 당신의 막대기로 우리를 구원하시고 보호하시면서 때로는 우리를 때리십니다. 우리가 자꾸 탈선하고 까불면 몽둥이로 사정없이 때려 버리십니다. 어느 때는 다리를 부러뜨리시기도 합니다.

그러고는 하나님이 우리를 업고 가고, 메고 가십니다. 우리가 깝죽거리고 까불다가 망할 수도 있기 때문입니다. 하나님은 우리의 목자가 되시기 때문입니다. 그러니 이 막대기는 언제나 긍정적으로 보든지 부정적으로 보든지, 우리의 구원과 보호를 위한 것입니다.

우리는 이 하나님의 막대기가 있는 한 두려워할 것이 없습니다.

염려할 것이 없습니다. 그저 주님을 따라가며 섬길 뿐입니다. 그러니 우리 주님은 얼마나 좋은 분인지 모릅니다. 우리는 항상 주님을 찬양하고 잘 따라야 합니다.

♪ 주는 나를 기르시는 목자요 나는 주님의 귀한 어린 양
푸른 풀밭 맑은 시냇물가로 나를 늘 인도하여 주신다

못된 짐승 나를 해치 못하고 거친 비바람 상치 못하리
나의 주님 강한 손을 펼치사 나를 주야로 지켜주신다

(후렴) 주는 나의 좋은 목자 나는 주의 어린 양
철을 따라 꼴을 먹여 주시니 내게 부족함 전혀 없어라

2. 지팡이는 어떻게 생겼으며 어떤 역할을 했습니까?

1) 짐승들로부터 양들을 보호하고 구원하는 데 쓰였습니다

지팡이 역시 감람나무로 만들었습니다. 그런데 이 지팡이는 감람나무의 새순으로 만든 것이 아니라 뿌리에서 나온 원줄기로 만들었습니다. 그러니 이것도 구원과 연결이 안 될 수가 없습니다. 더구나 성경에서 지팡이는 구원을 상징합니다. 모세의 지팡이는 이스라엘을 구원하고 보호하는 데 쓰였습니다. 모세가 나일 강을 쳤을 때 나일 강은 피로 변했습니다.

"여호와가 이같이 이르노니 네가 이로 말미암아 나를 여호와인 줄 알리라 볼지어다 내가 내 손의 지팡이로 나일 강을 치면 그것이 피로 변하고"(출 7:17).

또 지팡이를 물 위에 드니 개구리들이 올라와서 온 애굽을 괴롭게 했습니다.

"여호와께서 모세에게 이르시되 아론에게 명령하기를 네 지팡이를 잡고 네 팔을 강들과 운하들과 못 위에 펴서 개구리들이 애굽 땅에 올라오게 하라 할지니라"(출 8:5).

그리고 땅의 티끌을 치니 다 이로 변해 버렸습니다.

"여호와께서 모세에게 이르시되 아론에게 명령하기를 네 지팡이를 들어 땅의 티끌을 치라 하라 그것이 애굽 온 땅에서 이가 되리라"(출 8:16).

또 모세가 하늘을 향해 지팡이를 드니 우박과 불이 땅에 내렸습니다.

"모세가 하늘을 향하여 지팡이를 들매 여호와께서 우렛소리와 우박을 보내시고 불을 내려 땅에 달리게 하시니라 여호와께서 우박을 애굽 땅에 내리시매"(출 9:23).

모세가 애굽 땅 위에 지팡이를 드니 메뚜기 떼가 날아왔습니다.

"모세가 애굽 땅 위에 그 지팡이를 들매 여호와께서 동풍을 일으켜 온 낮과 온 밤에 불게 하시니 아침이 되매 동풍이 메뚜기를 불어 들인지라"(출 10:13).

지팡이로 애굽을 심판하고 이스라엘을 구원한 것입니다. 그러나 더 중요한 것이 있습니다. 모세와 이스라엘이 홍해 바다에서 위기에 처해졌을 때, 모세가 지팡이를 드니 홍해 바다가 그 앞에서 갈라져 버렸습니다. 그리고 홍해를 건넌 후 모세가 지팡이로 반석을 치니 샘물이 나왔고, 그 지팡이를 들고 기도하니 아말렉 군사를 이겼습니다.

이렇게 지팡이는 구원의 도구였습니다. 그와 같이 양들에게 있어서 목자들의 지팡이도 구원의 상징이었고 구원의 도구였습니다.

"여호와께서 모세에게 이르시되 너는 어찌하여 내게 부르짖느냐 이스라엘 자손에게 명령하여 앞으로 나아가게 하고 지팡이를 들고 손을 바다 위로 내밀어 그것이 갈라지게 하라 이스라엘 자손이 바다 가운데서 마른 땅으로 행하리라"(출 14:15-16).

이 목자들의 지팡이는 길쭉하게 창처럼 생겼습니다. 그래서 끝이 뾰족합니다. 맹수가 덤비면 그 끝이 뾰족한 지팡이로 맹수를 찌르게 되어 있습니다. 그래서 사망의 음침한 골짜기로 다닐 때, 항상 목자는 이 지팡이를 들고 갑니다. 그리고 지팡이를 들고 있는 목자를 따라가는 양들에게는 전혀 두려움과 염려가 없습니다.

2) 탈선하는 양의 목과 허리를 감아 당기는 데 쓰였습니다

100마리 중에는 한두 마리 튀고 까부는 양이 있는데, 이들이 사고를 칩니다. 그래서 목자들은 지팡이로 그 양을 감아 당깁니다. 지팡이의 아래 부분은 끝이 뾰족하지만, 윗부분은 지렁이같이 굽어져 있기 때문입니다.

목자들은 양들이 탈선할 때, 이 지팡이 끝으로 다리나 허리를 감아서 당깁니다. 이렇게 해서 경고를 하고, 지팡이로 양들을 보호하고 구원하는 것입니다. 그래도 자꾸 이탈하고 말을 안 들으면, 막대기로 다리를 부러뜨리기도 합니다. 이런 식으로 목자들은 양을 보호하고 구원하는 것입니다.

이로 인해 양들은 아무리 사망의 음침한 골짜기로 다닐지라도 두려워할 필요가 없습니다. 평안할 수밖에 없습니다. 목자만 따라가면 절대로 짐승에게 물려갈 일이 없습니다. 탈선하지만 않는다면 맹수에게 잡아먹힐 염려가 없는 것입니다.

♪ 양 떼를 떠나서 길 잃어버린 나
목자의 소리 싫어서 먼 길로 나갔네
방탕한 이 몸은 큰 불효 행하여
아버지 음성 싫어서 먼 길로 나갔네

양떼를 떠나서 맘대로 다녔네
나 목자 음성 들으며 그 길을 따르리
나 이제 후로는 방황치 않으며
내 아버지의 집에서 영원히 살겠네

바로 다윗이 이런 목동 노릇을 잘했습니다. 언제나 막대기와 지팡이를 가지고 다니면서 양들을 보호했습니다. 그리고 하나님 앞에서 가만히 생각해 보니 하나님이 자기 인생길을 막대기와 지팡이로 지켜 주신 것입니다.

보호의 지팡이

사울이 창을 던질 때도 하나님이 지팡이와 막대기로 막아 주셨고, 자기 집에서 사울의 추격을 피하여 도망할 때에도 하나님께서 당신의 막대기와 지팡이로 구원해 주셨습니다. 그리고 라마 나욧으로 사울이 잡으러 왔을 때도 하나님께서 막대기와 지팡이로 보호해 주셨고, 십 황무지에서는 더 강하게 보호해 주셨습니다.

십 황무지에서 3,000명이 넘는 군사들에게 완전히 포위되어 잡히기 일보 직전이었는데, 갑자기 블레셋이 쳐들어와서 사울이 포기하고 다시 블레셋과 싸우러 간 것입니다. 그러니 그때에도 하나님께서 다윗을 특별한 지팡이와 막대기로 구원해 주셨다고 말할 수 있습니다.

그뿐 아니라 다윗은 블레셋에 가서도 참으로 많이 오해를 받고 어려움을 겪었습니다. 거기에서도 그는 죽을 뻔했지만, 하나님의 도우심으로 살아났습니다. 이 모든 것들이 다 사망의 음침한 골짜기에서 하나님이 함께해 주신 것이고, 당신의 지팡이로 다윗을 구원해 주신 것입니다.

다윗은 두려워하지 않았습니다. 단 한 번도 염려하지 않았습니다. 두려워할 일이 있어도 담대했습니다. 다윗이 이렇게 담대했던 이유는 주님이 함께하셨고, 주님의 지팡이와 막대기가 다윗을 지켜주고 안위해 주셨기 때문입니다. 그래서 다윗은 이렇게 고백합니다.

> "내가 사망의 음침한 골짜기로 다닐지라도 해를 두려워하지 않을 것은 주께서 나와 함께하심이라 주의 지팡이와 막대기가 나를 안위하시나이다"(시 23:4).

> "여호와는 나의 빛이요 나의 구원이시니 내가 누구를 두려워하리요 여호와는 내 생명의 능력이시니 내가 누구를 무서워하리요 악인들이 내 살을 먹으려고 내게로 왔으나 나의 대적들, 나의 원수들인 그들은 실족하여 넘어졌도다"(시 27:1-2).

하나님이 다윗의 목자가 되어 주셨기 때문에 다윗은 절대로 그들을 두려워하지 않았습니다. 다윗의 목자가 되어 주신 하나님은 오늘도 우리의 목자가 되어 주십니다. 우리를 당신의 지팡이와 막대기로 보호하시고 구원해 주십니다.

하나님은 참된 유일한 메시아, 예수 그리스도를 보내셔서 우리를 구원해 주셨습니다. 또한 하나님의 권능의 성령과 능력의 영으로 우리를 인도하시고 다스리시고 구원하십니다. 사망의 음침한 골짜기로 다닐지라도 항상 우리를 구원하시고 보호해 주십니다. 우리는 하나님의 막대기와 지팡이 때문에 그 무엇도 두려워하지 않을 수 있는 것입니다.

여기에서 막대기와 지팡이는 문학적인 표현입니다. 오늘 우리에게 있어서 하나의 보호 수단이고, 상징입니다. 우리를 향한 하나님의 구원의 도구이며 상징적인 수단입니다. 그것은 하나님의 손길이 될 수도 있고, 구원의 천사를 통해 우리를 보호하는 것이 될 수도 있습니다. 또한 성령님을 통해 우리를 인도하는 것도 될 수 있습니다.

이렇게 지팡이와 막대기는 하나님의 모든 구원의 손길과 도움의 은혜가 됩니다. 그래서 선지자 이사야는 이렇게 하나님의 지팡이의 은혜를 표현합니다.

> "야곱아 너를 창조하신 여호와께서 지금 말씀하시느니라 이스라엘아 너를 지으신 이가 말씀하시느니라 너는 두려워하지 말라 내가 너를 구속하였고 내가 너를 지명하여 불렀나니 너는 내 것이라 네가 물 가운데로 지날 때에 내가 너와 함께할 것이라 강을 건널 때에 물이 너를 침몰하지 못할 것이며 네가 불 가운데로 지날 때에 타지도 아니할 것이요 불꽃이 너를 사르지도 못하리니"(사 43:1-2).

하나님은 사드락과 메삭과 아벳느고도 바벨론에서 풀무 불에 빠져 있을 때 당신의 지팡이와 막대기로 구원해 주셨습니다. 그러니 참으로 감사한 일이 아닐 수 없습니다.

오늘날도 마찬가지입니다. 우리가 불 가운데로 지날 때가 있습니다. 물 가운데로 지나가야 할 때가 있습니다. 그때 하나님이 능하신 오른손으로 우리를 지켜 주십니다. 당신의 지팡이와 막대기로 우리를 보호해 주십니다.

또 우리가 풀무불 같은 시련 속으로 들어가는 어려움을 당할 때도, 하나님은 우리를 도우시고 지켜주십니다. 그러니 감사하지 않을 수 없습니다. 주님을 잘 따르며 찬양하며 살지 않을 수가 없습니다.

공격 무기 물맷돌

고대 근동의 목동들에게는 무기가 하나 더 있었습니다. 그것은 물맷돌이었습니다. 고대 근동의 목자들은 만약의 사태에 대비해서 어릴 때부터 물맷돌을 던지는 기술을 연습했습니다. 목자라면 이 물맷돌 던지는 것을 다 연습하고 훈련했던 것입니다. 그래서 웬만한 목동들은 물맷돌을 던져 200미터 이상 되는 거리에 있는 것도 명중할 수 있었다고 합니다. 즉, 200미터 앞에 있는 맹수들을 맞히기도 한다는 것입니다.

어떤 힘이 좋은 목자는 물매를 400미터 이상 던지기도 했답니다. 이 물맷돌은 어떤 면에서는 화살보다 파괴력이 강하였습니다. 화살은 갑옷을 뚫지 못하지만, 물매는 갑옷을 때려서 충격을 줄 수 있었습니다. 시속 백 수십 킬로미터 이상으로 날아가기에, 제대로 맞으면 천하의 골리앗도 쓰러지지 않을 수 없습니다. 그래서 다윗은 골리앗과 대결할 때, 사울이 주는 칼과 창을 버리고 자신의 병기인 막대기와 물맷돌을 들고 나갔습니다.

다윗 시대의 물맷돌

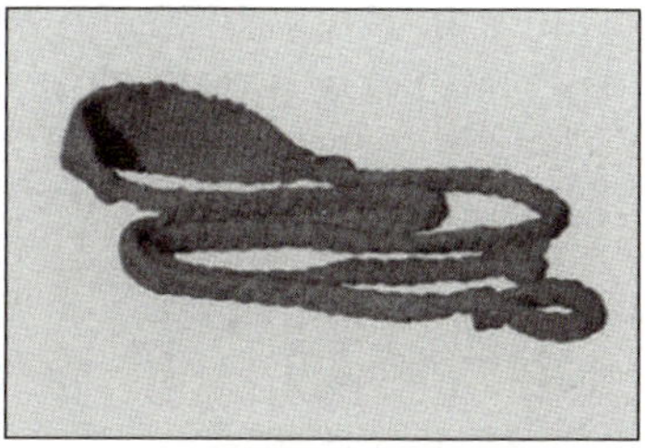

다윗 시대의 물매

위의 물맷돌이 다윗 시대에 많이 사용했다고 하는 물맷돌이고, 그

물맷돌 던지는 다윗

옆의 그림은 물맷돌을 던지는 물매 기구입니다. 그리고 물맷돌을 던지는 다윗을 상상해서 이렇게 그림을 그려 보았습니다.

이렇게 물맷돌을 던져서 멀리 있는 맹수들을 쫓아냅니다. 그러니 물맷돌은 목자들에게 중요한 무기이고 양들을 위한 보호와 구원의 수단이 아닐 수 없습니다. 심지어 이스라엘에는 물맷돌을 던지는 군대가 따로 편성되어 있을 정도로 이 물맷돌은 당시 사회에서 중요한 역할을 했습니다.

어떤 사람은 이렇게 의문을 제기할 것입니다.

"그러면 다윗이 시편 23편을 기록하면서 왜 물맷돌 이야기를 빠뜨렸느냐?"

그것은 막대기와 지팡이가 있는 목자에게는 반드시 물매가 있기 때문입니다. 반드시 목자는 제구를 차고 다닙니다. 그 제구에 물맷돌을 담아 가지고 다니다가 물매로 그 돌을 던지는 것입니다.

다윗도 항상 이 물매를 사용했던 사람입니다. 그런데 가만히 생각해 보니 하나님께서 선한 목자가 되셔서 자신이 어려울 때 물매로 구원해 주셨다는 사실을 깨달은 것입니다. 하나님께서 영적인 물매로 그를 위기에서 구원해 주셨습니다.

사울의 군사들이 다윗을 죽이기 위해 라마 나욧에 왔을 때 하나님이 영적인 물매를 그들에게 던지셨습니다. 그래서 그들이 하나님의 신에 취해서 쓰러져 방언을 하고 예언을 한 것입니다.

"어떤 사람이 그것을 사울에게 알리매 사울이 다른 전령들을 보냈더니 그들도 예언을 했으므로 사울이 세 번째 다시 전령들을 보냈더니 그들도 예언을 한지라"(삼상 19:21).

사울이 다른 군사를 더 보냈는데, 그들도 앞의 전령들과 마찬가지로 예언을 하는 것입니다. 그래서 나중에는 사울이 직접 갔는데, 하나님이 그냥 성령의 물매를 이중 삼중으로 던지셔서 사울도 웃통을 벗고 예언을 하게 된 것입니다.

"사울이 라마 나욧으로 가니라 하나님의 영이 그에게도 임하시니 그가 라마 나욧에 이르기까지 걸어가며 예언을 하였으며 그가 또 그의 옷을 벗고 사무엘 앞에서 예언을 하며 하루 밤낮을 벗은 몸으로 누웠더라 그러므로 속담에 이르기를 사울도 선지자 중에 있느냐 하니라"(삼상 19:23-24).

사울이 다윗과 사무엘이 있는 곳을 찾아갑니다. 다윗이 찬송을 인도하고, 사무엘이 설교를 하는 집회가 열렸는데 모두 성령의 충만을 입고 난리가 났습니다. 거기에 있는 선지자들만 예언하고 방언하는 게 아니라 사울의 1차, 2차, 3차 전령들도 성령이 충만해서 함께 춤을 추며 찬양하고 방언을 하였습니다.

'이놈들, 어디 두고보자. 내가 궁으로 되돌아가는 즉시 모두 직위 해제시켜 버릴 것이다.' 아마 사울은 이런 마음으로 갔을 것입니다. 그러면서 사울이 졸개들과 함께 라마 나욧 입구에서부터 칼을 빼고는 다윗과 사무엘을 잡으러 갔습니다. 그 순간 사울을 누가 팍 쳐버리는 것입니다. 사울이 정신없이 넘어져 버렸습니다. 하나님의 영이 그렇게 한 것입니다. 그 순간 사울은 자기도 모르게 성령이 충만해서 방언을 하고 예언을 하였습니다. 아마 이렇게 예언했을 것입니다.

"우리 하나님은 정의로우신 분이요, 공의로우신 하나님이시다. 하나님은 당신을 존중히 여기는 자를 존중히 여기시고, 당신을 멸시하는 자를 멸시하시는 분이다. 나 사울은 하나님을 경멸히 여김으로써 버림을 받았노라. 그러므로 나의 나라는 망하게 될 것이다. 영원히 하나님 앞에 버림받을 것이다. 그러나 다윗은 하나님의 합한 종으로 승승장구하며 다윗의 나라 또한 영원하며 전무후무한 나라가 될 것이다. 앞으로 다가올 다윗의 나라는 참으로 강하게 될 것이다. 그러므로 앞으로 왕이 될 다윗을 예찬하노라. 우리가 그가 오는 길을 예비하며 정말 다윗의 나라가 번성하고 위대하도록 우리 함께 기도하자."

이런 식으로 예언하고도 남았을 것입니다. 하나님이 영적으로 사울의 이마에 물맷돌을 던지셨기 때문입니다. 그래서 다윗이 여호와 하나님을 자기의 목자라고 한 것입니다.

♪ 주는 나를 기르시는 목자요 나는 주님의 귀한 어린 양
푸른 풀밭 맑은 시냇물가로 나를 늘 인도하여 주신다

못된 짐승 나를 해치 못하고 거친 비바람 상치 못하리
나의 주님 강한 손을 펼치사 나를 주야로 지켜주신다

(후렴) 주는 나의 좋은 목자 나는 주의 어린 양
철을 따라 꼴을 먹여 주시니 내게 부족함 전혀 없어라

그런데 하나님은 당신께서 직접 역사하시기도 하지만 오늘날에는 대부분 당신의 목자를 세워서 역사하시고, 성도들을 인도하고 보호해 주십니다. 그래서 오늘날 목자는 예수 그리스도의 이름으로 모든 마귀와 어둠의 권세를 쫓아냅니다.

예수 그리스도의 이름이라고 하는 물매로 모든 악한 마귀와 어둠과 귀신의 권세를 쫓아냅니다. 또한 하나님의 말씀의 방망이와 성령의 지팡이로 성도들을 보호하고 지켜줍니다. 또 목회자의 영권의 지팡이와 권능의 몽둥이로 성도들을 이끌고 보호해 줍니다. 그리고 영적인 피리를 불면서 성도들을 언제나 푸른 초장과 쉴 만한 물가로 인도해 갑니다.

그 과정에서 어떤 시험이나 환난이나 맹수의 공격이 있더라도 하나님은 항상 우리를 보호해 주십니다. 사탄의 어떠한 시험과 유혹이 있더라도 하나님은 우리를 지팡이와 막대기, 그리고 물매로 지켜 주시고 보호해 주십니다.

그런데 아무리 우리의 가는 길이 축복의 길이고, 끝은 형통과 기적의 초장이라 할지라도 우리가 사망의 음침한 골짜기를 통과해야 할 때가 있습니다. 그 길의 끝이 생수의 우물가요, 복락의 강수가 흐르는 그런 은혜의 강가라 하더라도 가다 보면 사망의 음침한 골짜기를 통과해야 할 때가 있습니다.

우리의 인생에는 사탄의 시험과 유혹이 있습니다. 그래도 우리가 흔들리지 말아야 할 것은 하나님께서 막대기와 지팡이, 그리고 물매로 우리를 보호해 주시기 때문입니다. 두려워하거나 놀라지 말 것은 하나님이 우리를 지키시기 때문입니다. 그래서 다윗은 이 하나님을 찬양했습니다.

"내가 사망의 음침한 골짜기로 다닐지라도 해를 두려워하지 않을 것은 주께서 나와 함께하심이라 주의 지팡이와 막대기가 나를 안위하시나이다"(시 23:4).

"우리가 평생 사는 동안 주님의 지팡이로 우리를 보호하여 주옵소서! 당신의 지팡이와 막대기로 우리를 구원하여 주옵소서! 당신의 물매로 우리를 지켜주시고, 우리를 유혹하고 시험하고 넘어뜨리는 모든 악한 마귀의 역사 속에서 우리를 지켜주옵소서! 모든 질병의 공격과 모든 역경, 사망과 음부의 세력을 오늘도 주님의 영적인 물맷돌로 쫓아내 주시고, 지팡이와 막대기로 막아 주옵소서!"

6장

원수의 목전에서 상을 베푸시는 하나님

주께서 내 원수의 목전에서 내게 상을 차려 주시고
기름을 내 머리에 부으셨으니 내 잔이 넘치나이다
(시 23:5)

6장 원수의 목전에서 상을 베푸시는 하나님

4월이 지나고 5월이 되면 이스라엘의 목동들은 양들을 이끌고 멀리멀리 목초지를 찾아 떠납니다. 그런데 목초지를 찾아가기 위해서는 사망의 음침한 골짜기를 건너야 할 때가 있는데, 이 사망의 음침한 골짜기는 맹수들이 양을 공격하는 데 가장 적당한 곳입니다.

양이 움직일 때는 늑대나 사자도 같이 움직입니다. 그런데 이들은 얼마나 시력이 좋은지 모릅니다. 사람보다 훨씬 멀리 보고, 소리도 잘 들으며, 냄새도 잘 맡습니다. 그리고 목표물의 일거수일투족을 다 살펴봅니다. 특별히 연약한 양이나 호기심이 많은 양을 눈여겨봅니다.

만약 양이 무리에서 이탈하거나 목자의 보호 반경에서 벗어난다면 전속력으로 질주하여 그 양의 목덜미를 물고 달아납니다. 그러한 기회를 엿보기 위해 은밀하게 맹수들은 양을 따라 움직이는 것입니다. 그런데 아예 머리가 더 좋은 맹수들은 목자의 길을 살펴보다가,

목자가 어느 골짜기를 지나간다고 추측하고 그 골짜기에서 숨어 기다립니다.

음침하고 어두컴컴한 골짜기 가운데는 동굴이 있습니다. 거기에 숨어서 양들이 지나가는 것을 기다리는 것입니다. 특히 늑대나 하이에나, 사자 등은 팀워크를 이루어서 사냥합니다. 양들이 멀리 사망의 음침한 골짜기를 통과할 때 어떤 놈들은 그냥 뒤에서 울음소리를 내어 양들을 겁에 질리게 만들고, 어떤 놈들은 무리에서 떨어져 나가는 양들을 노립니다. 그러니 양들이 사망의 음침한 골짜기를 지나갈 때, 얼마나 소름이 끼치는지 모릅니다. 양들뿐 아니라 목자도 그러합니다.

실제로 유대 광야는 아니지만 중앙아프리카에서 목동 생활을 하다가 목사가 된 필립 켈러라는 사람이 있습니다. 그가《목자와 양》이라는 책을 썼는데, 그 책을 보면 실제로 자기가 사망의 음침한 골짜기에 가지도 않았는데, 양을 빼앗길 때가 몇 번 있었다고 고백합니다. 알고 봤더니 표범이 그 양을 잡아 갔는데, 그 표범이 얼마나 빠른지 양을 잃기는 잃었는데 표범에게 물려가는 것을 한 번도 보지 못했다고 합니다.

그래서 유대 광야에 있는 사망의 음침한 골짜기 곧 '와디 켈트'(Wadi Qilt) 같은 골짜기를 지나갈 때면 목자들이 얼마나 긴장하는지 모릅니다. 그렇기 때문에 목자들은 반드시 막대기와 지팡이, 그리고 물맷돌을 가지고 갔던 것입니다.

양들은 그런 골짜기를 잘 통과해서 마침내 푸른 초장에 도달합니다. 그 푸른 초장은 보통 북쪽 그늘진 비탈에 있습니다. 그곳에서 풀을 뜯는 맛이 얼마나 좋은지 모릅니다. 배가 고플 때 푸른 풀밭에 가서 마음껏 풀을 뜯으니 얼마나 맛이 좋겠습니까?

이제 어느 정도 배를 채우고 나면 양들이 주위를 둘러봅니다. 아래쪽 골짜기를 내려다보면 그 밑에서 하이에나나 늑대 같은 맹수가 푸른 초장을 향해 올려다보고 있는 것이 보입니다. 너무나 억울하고 분한 눈빛으로 올려다보고 있습니다.

'저렇게 살진 양들이 우리 옆을 통과했는데……', '세상에 저놈들을 못 잡아먹고 그냥 보내다니…….'

이런 심정으로 올려다보는 것입니다.

'저 원수 목자가 무서운 지팡이와 막대기, 그리고 물맷돌을 가지고 있기에 두려워서……저놈들을 못 잡아먹었다니……. 너무 분통이 터진다……', '약한 양들도 있고, 까부는 양들도 있었는데……', '내가 그냥 용기 있게 덤볐으면 좋았을 걸……', '저놈의 지팡이와 막대기가 두려워서 못 잡아먹다니……', '물맷돌에 맞아 머리가 깨질 것 같아서, 양 새끼 하나 못 잡아먹다니…… 이렇게 억울할 수 있나…….'

이런 눈빛으로 맹수들이 양들을 노려보는 것입니다.

그럴 때 양은 그들의 모습을 바라보면서 아주 행복한 마음으로 풀을 뜯습니다. 매우 만족하고 즐거운 마음으로 풀을 뜯는 것입니다. 그러면서 양들이 행복한 고백을 합니다.

'우리는 정말 행복한 양들이야! 이렇게 훌륭한 주인을 만나서 좋은 풀을 뜯고 있으니 너무 행복하군! 사망의 음침한 골짜기도 잘 통과하고 이렇게 평화롭게 풀을 뜯고 있다니……. 더구나 우리를 못 잡아먹어 씩씩거리는 맹수들을 바라보며 풀을 뜯으니 얼마나 꿀맛인가? 아— 얼마나 행복한 일인가?

그러나 어떻게 양들이 이런 생각을 할 수 있겠습니까? 어떻게 사자와 맹수들이 실제로 그렇게 생각했겠습니까? 이것은 의인법적인 표현입니다. 양과 맹수를 의인화시킨 것입니다. 양과 맹수들에게 그런 이성이 있고 그런 생각이 있겠습니까? 다윗이 목동 노릇을 했기에 이렇게 짐작한 것입니다. 자기도 푸른 초장으로 양들을 이끌어 왔을 때, 자기도 행복하고 양들도 그렇게 행복하게 보였을 것 아니겠습니까?

실제로 양이 말을 못하고 생각을 못하지만 풀 뜯어먹는 것이 얼마나 행복했겠습니까? 반면에, 골짜기 아래에 있는 맹수들은 얼마나 화가 났겠습니까? 이성적으로 약 오른다고 볼 수는 없지만 본능적으로는 분통이 터졌을 것입니다. 다윗은 이러한 대비적인 상황을 의인화시켜서 표현하고 있습니다.

광야의 식탁

다윗은 이러한 상황을 "원수의 목전에서 상을 주시고"라고 표현하고 있습니다. 여기에서 원수는 골짜기의 맹수입니다. 원수가 뻔히 보고 있는 곳에서 목자가 양들에게 상을 베풀었다는 것입니다. 풀을 뜯어먹는 것이 양들에게 상을 베풀어 주는 것입니다.

그러면 여기에서 상을 베푸셨다는 말이 무슨 말입니까? 바로 밥상을 베풀었다는 말입니다. 양들에게 식탁을 베풀어 주었다는 말입니다.

표준새번역에는 '잔칫상을 베풀어 주었다' 고 나와 있습니다. 잔칫상이나 식탁을 베풀어 주었다는 것은 의인법적인 표현입니다. 양들에게 무슨 밥상이 있고, 식탁이 있겠습니까? 들판을 뛰놀며 뜯어 먹는 것입니다. 그러나 다윗은 의인법적 표현을 통해 목자가 양들에게 상을 차려준 것처럼 설명하고 있습니다.

요즘이야 밥상이나 식탁이 자연스러운 문화이지만, 예전에 제가 어렸을 때만 해도 머슴들은 밥상에서 먹는 것이 아니라 방바닥에서 먹었습니다. 그리고 누나와 어머니는 부뚜막에서 적당하게 먹었습니다. 우리도 마루에 걸터앉아 김치하고 밥을 먹을 때가 많았습니다. 진짓상은 어른들한테만 차려 주었습니다. 어지간한 서민들은 바닥에서 밥을 먹었습니다. 아무에게나 밥상을 차려 준 것이 아닙니다.

어린 시절에도 어려운 손님이나 귀한 손님이 올 때 밥상을 잘 차려 주었습니다. 바로 이 밥상을 목자가 잘 차려 주었다는 것입니다. 정성을 다해서 밥상을 차려 주었다는 것입니다.

아무리 의인법적인 표현이라 하더라도 양들이 목자의 진짓상을 차려 주어야지 어떻게 목자가 양들에게 밥상을 차려 줍니까? 양에게 진짓상을 차려 주는 게 어디 있습니까? 바꿔 말하면 왕이 신하들에게 상을 차려 준 것입니다. 주인이 집안의 머슴에게 밥상을 차려 준다는 말과 같습니다. 그러나 다윗은 목자가 양의 상을 차려 준다고 합니다.

다윗이 왜 이렇게 표현하고 있을까요? 그만큼 푸른 초장에 오는 길이 힘들었다는 뜻입니다. 목자는 모든 위험과 역경을 무릅쓰고 이곳으로 온 것입니다. 완전히 무장하고 경계를 늦추지 않고 정말로 근신하면서 왔습니다. 한 마리도 맹수에게 빼앗기지 않고 여기까지 무사히 와서 양들에게 행복하게 풀을 뜯기고 있는 것입니다.

이것이 다윗의 관점에서 볼 때 원수의 목전에서 상을 베푸는 것입니다. 더구나 맹수들이 노려보고 있는데, 양들에게 행복하게 풀을 뜯기는 것입니다.

목자는 올라올 때만 양들을 지키는 것이 아닙니다. 올라와서도 경계를 늦추지 않습니다. 때때로 목자들은 양들이 풀을 먹을 때 졸 수 있습니다. 그래서 목자는 이때 피리를 붑니다. 피리를 불고 있다는 것은 무엇을 의미합니까?

첫째, 양들을 안심시키는 것입니다.

"절대 염려 말아라! 내가 너희들과 함께하고 있잖아! 절대 염려하지 말고 평안히 풀을 뜯어라."

이런 의미에서 피리를 부는 것입니다.

둘째, 골짜기 아래에 경고의 메시지를 보내고 있는 것입니다.

"이놈들아! 나는 잠 안 잔다! 양들을 지키며 피리를 불고 있다! 양들에게 오기만 해봐라! 물맷돌로 머리를 깨버릴 거야!"

이러한 의미로 피리를 부는 것입니다.

잔칫상을 준비하시는 하나님

다윗은 목자의 관점에서 목자의 마인드를 가지고 의인화해서 원수의 목전에서 상을 베푸는 것으로 표현하고 있습니다. 누구보다 다윗은 이것을 절실하게 경험했습니다. 목동 노릇을 하면서 다 경험한 것입니다.

이날은 양들에게 잔칫날입니다. 잔칫날에는 무엇을 준비합니까? 밥상을 준비합니다. 시골에서는 시집가고 장가가고, 회갑, 칠순이 되면 잔치를 벌입니다. 그래서 손님들이 오면 잔칫상을 준비합니다.

잔칫집에는 유과도 있고, 떡도 있고, 조청도 있고, 국수도 있습니다. 그리고 잡채도 있습니다. 잔칫날은 얼마나 좋은 날인지 모릅니다. 부잣집에서는 떡국을 하고, 보통 집에서는 국수를 삶습니다. 어린아이들은 얻어먹으려고 손가락을 쪽쪽 빨면서 마당에서 줄을 서 있습니다. 혹시 호박떡이나 하나 줄까, 유과라도 하나 얻어먹을까 해서 줄을 서 있는 것입니다. 그렇게 오래 서 있으면 아이들한테는 국수를 반 그릇 줍니다.

멸치 국물로 만든 국수가 얼마나 맛이 있는지 모릅니다. 이게 잔치입니다. 진짜 먹고 마시고 춤을 추는 날입니다.

사망의 음침한 골짜기를 통과해서 그늘진 북쪽 비탈에서 풀을 뜯고 있는 양떼들에게도 마찬가지입니다. 이날은 잔치의 날이요, 축제의 날입니다. 왜냐하면 목자가 양들에게 상을 차려 주기 때문입니다. 물론 이 진짓상은 밥상으로서의 의미뿐 아니라 위험한 골짜기를 잘 따라왔다는 의미에서 목자가 양에게 보상을 해주고 영광의 상을 베풀어 준다는 의미도 있습니다.

다윗이 하나님을 섬기면서 왕이 되던 어느 날을 생각해 보니 하나님께서 자기 목자가 되어 주신 것입니다. 자기에게도 주께서 원수의 목전에서 상을 베푸셨다는 사실을 깨달았습니다. 결국 이 고백은

유대인의 식탁

다윗 자신의 고백입니다.

지금으로부터 3,000년 전 고대 근동 사회에서 평민들이 밥상에서 밥을 먹었겠습니까? 왕이나 귀족 정도 되어야 식탁에서 밥을 먹었습니다.

다윗이 목동 시절을 돌이켜볼 때 양들이 푸른 풀밭에서 꼴을 뜯어먹는 날은 잔칫날입니다. 물론 사망의 골짜기에서 맹수들이 호시탐탐 지켜보고 있지만, 자기가 양들을 지켜주고 있으니 양들이 잔칫상을 받고 있는 것입니다.

가만히 생각해 보니, 하나님께서 자기에게 잔칫상을 베풀어 주셨습니다. 정말 다윗이 얼마나 많이 사망의 음침한 골짜기를 다녔습니까? 사울이 다윗에게 창을 던지던 그날부터 날마다 사망의 음침한 골짜기를 다녔습니다.

다윗이라는 어린 양에게 사울은 항상 하이에나나 늑대였습니다. 다윗이라는 양에게는 이 사울이 언제나 곰과 같았고 사자와 같았습니다. 언제나 다윗은 양이었고 사울은 맹수였습니다. 더구나 다윗이 사망의 음침한 골짜기로 다닐 때 사울이 다윗을 얼마나 호시탐탐 노렸습니까? 다윗은 십 황무지에서 사울에게 포위를 당하였고, 마온 황무지에서도 죽을 뻔한 위기를 당하였습니다.

"사울과 그의 사람들이 찾으러 온 것을 어떤 사람이 다윗에게 아뢰매 이에 다윗이 바위로 내려가 마온 황무지에 있더니 사울이 듣고 마온 황무지로 다윗을 따라가서는 사울이 산 이쪽으로 가매 다윗과 그의 사람들은 산 저쪽으로 가며 다윗이 사울을 두려워하여 급히 피하려 하였으니 이는 사울과 그의 사람들이 다윗과 그의 사람들을 에워싸고 잡으려 함이었더라"(삼상 23:25-26).

다윗은 사울에게 독 안에 든 쥐였습니다. 그런데 갑자기 블레셋이 쳐들어와서 사울이 다윗을 포기하고 블레셋과 싸우러 간 것입니다.

"전령이 사울에게 와서 이르되 급히 오소서 블레셋 사람들이 땅을 침노하나이다 이에 사울이 다윗 뒤쫓기를 그치고 돌아와 블레셋 사람들을 치러 갔으므로 그 곳을 셀라하마느곳이라 칭하니라"(삼상 23:27-28)

이렇게 다윗은 사울에게 거의 잡혀 죽을 뻔했습니다. 그러나 다윗이 사망의 음침한 동굴에서 고난당할 때마다 하나님은 다윗의 목자가 되어 주셔서 언제나 다윗을 지켜 주셨습니다. 주님이 당신의 지팡이와 막대기로 다윗을 지켜 주셨고, 성령의 물맷돌로 다윗을 지켜 주셨던 것입니다.

역전의 하나님

그러던 어느 날 하나님께서 마침내 다윗을 푸른 초장으로 인도하셨습니다. 거기서 하나님은 다윗에게 영광의 밥상을 차려 주셨습니다. 어느 날 사울의 왕관을 빼앗아 다윗에게 그 왕관을 씌워 주신 것입니다. 그리고 사울이 앉았던 왕의 식탁에 다윗이 앉게 하셨습니다.

마침내 왕의 식탁에 앉아서 다윗은 주님이 차려 주신 진수성찬의 음식을 즐기고 있는 것입니다.

이 모습을 다윗의 원수들이 지켜보고 있습니다. 유다 왕이었을 때도 그랬고, 통합 이스라엘 왕이 되었을 때도 다윗의 원수들은 지켜보았습니다.

그 원수들이 바로 좁게 보면 사울의 후손들이거나 아직도 남아 있는 사울의 측근들이라고 할 수 있습니다. 사울의 측근들은 아마 배가 아팠을 것입니다. 사울이 죽고 대신해서 다윗이 왕이 되었으니 아마 기회만 있으면 다윗을 죽이려고 했을 것입니다.

뿐만 아니라 넓게 보면 이 원수들은 블레셋 사람들을 포함한, 주변의 여러 민족들이라고 할 수 있습니다. 왜냐하면 사울이 이스라엘 왕으로 있을 때에는 그들이 이스라엘을 두려워할 필요가 없었지만, 강력한 리더십을 가진 다윗이 이스라엘 왕으로 등극하니 그들은 긴장하지 않을 수 없었던 것입니다.

특별히 블레셋 사람들은 더 긴장했을 것입니다. 그들은 다윗을 경멸하고 죽이려고 했습니다. 그런 다윗이 이스라엘 왕이 되었으니 얼마나 배가 아팠겠습니까? 그런데 그런 원수들이 보는 앞에서 다윗이 왕의 식탁에 앉아 있는 것입니다. 그 다윗을 보고 주변 국가들은 정말 배가 아프고, 그를 죽이고 싶은 마음이 가득했을 것입니다.

그러나 하나님이 다윗의 목자가 되시니 다윗을 죽일 수는 없습니다. 골짜기 아래에서, 저 멀리 푸른 초장에서 풀을 뜯고 있는 양들을 억울하고 분한 눈빛으로 바라보고 있는 저 야수들처럼 다윗의 영광을 그저 바라볼 수밖에 없었습니다. 바로 이러한 모습을 다윗은 은유적인 표현으로 원수의 목전에서 하나님께서 자기에게 왕의 식탁을 베풀어 주셨다고 노래하고 있습니다.

이것을 크게 본다면, 원수는 다윗을 복 받지 못하게 방해하는 사탄의 세력이라고 할 수 있습니다. 사탄은 계속 사울이 왕이 되길 원합니다. 왜냐하면 사탄이 이스라엘의 헤드십(Headship)을 사울을 통해 장악하고 있었기 때문입니다.

이미 사탄은 사울을 포섭하고 있었습니다. 사울의 머리 꼭대기에서 집을 짓고 사울을 조종하고 있었던 것입니다. 그러니 이스라엘은 사탄의 나라라고 해도 과언이 아니었습니다. 사탄이 이스라엘의 헤드십을 확보했기 때문입니다. 그런데 다윗은 절대 그렇지 않았습니다.

주권을 하나님께

다윗은 자신의 헤드십을 절대 사탄에게 빼앗기지 않았습니다. 언제나 로드십(Lordship) 신앙으로 주님께만 영광을 돌렸습니다. 다윗의 헤드십은 온전히 주님께 있었습니다. 다윗이 이 나라의 왕이 되면 이스라엘의 헤드십도 온전히 주님께 속해 있을 것이기 때문에 사탄이 이 꼴을 보지 못했던 것입니다.

그래서 무슨 일이 있든지 다윗이 왕의 식탁에 앉지 못하게 하고, 다윗의 머리에 왕관이 씌워지지 못하게 했던 것입니다. 사탄이 다윗을 죽이려 할 때도 사울을 통해 죽이려고 했습니다. 그런데 어느 날 하나님께서 다윗에게 이스라엘의 왕관을 씌워 주신 것입니다. 그리고 마침내 하나님께서 다윗에게 왕의 밥상을 차려 주셨습니다. 다윗으로 하여금 왕의 식탁에 앉게 해주셨습니다.

그러니 사탄이 얼마나 배가 아프겠습니까? 다윗이 왕의 밥상에 앉아서 밥을 먹고, 이스라엘을 통치하는 모습을 보고 사탄이 얼마나 상심했을까요? 크게 볼 때 다윗은 이러한 모습을 원수의 목전에서 상을 베푸시는 모습으로 묘사했습니다. 그러니 이 표현이 참으로 아름답고 행복한 표현이 아닐 수 없습니다.

또한 현실적으로 볼 때는, 다윗이 사울의 졸개들 앞에서 왕이 되고, 왕의 식탁에 앉은 것을 묘사하고 있습니다. 다윗이 왕이 될 때 사울은 죽었지만, 사울의 졸개들은 아직 살아 있었습니다. 그들이 다 죽어 버렸으면 아마 재미가 없었을 것입니다. 그래서 하나님은 원수의 측근들을 살려 두셨습니다. 다윗을 행복하게 하기 위해 그런 것입니다.

그들이 보는 데서 이런 일이 이루어져야 합니다. 그들의 앞에서 왕의 식탁을 즐겨야 합니다. 이럴 때 인생 사는 재미가 있고, 세상 사는 행복을 느끼게 됩니다. 다윗은 바로 이 기쁨과 이 행복을 누렸습니다. 그래서 왕이 된 어느 날 이 기가 막힌 은혜, 황홀한 은혜를 이렇게 노래한 것입니다.

"원수의 목전에서 내게 상을 베풀어 주시고."

기가 막힌 은혜

성경을 보면 원수의 목전에서 상을 베푸시는 하나님이 많이 소개되어 있습니다. 소위 말하면 하나님의 역전 드라마를 잘 소개하고 있는 것입니다.

요셉이 형제들로부터 버림받고 팔려 갈 때의 비참함은 상상을 초월했을 것입니다. 형제들은 요셉을 지나치게 너무 시기하고 질투한 나머지 물구덩이에 넣어 버렸습니다. 물이 없어서 망정이지 물이 있었으면 빠져 죽었을 것입니다.

요셉은 "형님들, 날 용서해 주세요. 날 좀 살려 주세요" 하며 애걸복걸하는데도, 형제들은 맛있게 음식이나 먹고 있었습니다. 그러다가 아라비아 상인이 지나가자 요셉을 팔아 넘겼습니다. 요셉은 팔려갈 때도 애걸복걸했을 것입니다.

"나는 이제 팔려 가면 영원한 종이 됩니다. 영원히 아버지도 보지 못하고, 형님들도 보지 못할 것입니다. 다시는 꿈 자랑, 응답 받은 자랑 안 할 테니 제발 살려만 주세요. 아라비아 사람들의 종이 되는 것보다 차라리 형님들의 종이 되겠으니 제발 살려 주세요……."

그래도 형제들은 무정하게 돈을 받고 팔아 버렸습니다.

요셉은 팔려 가면서 대성통곡했을 것입니다.

"세상에, 형님들이 나를 팔다니……. 세상에 이럴 수가……. 하나님, 내 운명은 이렇게 끝나는 것입니까? 한 번 팔리면 영원한 노예가 되어 돌아올 수 없는데, 하나님, 이제 나를 영원히 버리시는 것입니까? 나는 이제 죽은 목숨이나 다름없고, 희망이 없습니다. 내 인생은 절망 자체입니다."

이렇게 엉엉 울면서 갔을 것입니다. 이런 배신의 눈물, 고통과 절망의 눈물을 흘려 본 사람은 아마 요셉의 심정을 이해할 수 있을 것입니다.

세월이 흘러서 요셉은 애굽의 총리대신이 되었습니다. 온 애굽 천지가 요셉의 수하에 있게 되었습니다. 그때 애굽에 7년 동안 풍년이

들다가 다시 7년 동안 흉년이 들었습니다. 애굽뿐만 아니라 가나안 땅까지 흉년과 기근이 들었습니다.

어쩔 수 없이 요셉의 형제들이 애굽으로 식량을 구하러 오게 됩니다. 그들은 거기서 요셉을 만납니다. 요셉은 당장 그들을 알아봤지만 그들은 요셉을 알아볼 수 없었습니다. 설마 애굽의 총리대신이 그들이 매정하게 버린 동생 요셉이라고는 상상도 할 수 없었습니다. 꿈에도 생각지 못했을 것입니다.

요셉은 형들을 보자마자 알아보고 눈물을 쏟습니다. 그래도 모른 척하고 가족 상황을 묻습니다. 아버지의 안부를 물어 봅니다. 아버지가 살아 계신다고 하고 또 동생 베냐민도 살아 있다고 합니다. 그 순간 요셉이 눈물을 참지 못하고 뒤로 가서 얼마나 서럽게 울었는지 모릅니다.

요셉은 형들에게 양식을 더 많이 주고 돈뭉치도 넣어 주고 은잔을 몰래 숨겼습니다. 왜 그렇게 했느냐 하면, 베냐민을 데려오기 위해서였습니다. 더 나아가서, 그런 과정 속에서 요셉은 원수의 목전에서 상을 베푸시는 하나님의 은혜를 만끽하고 누리고 있는 것입니다.

나중에 베냐민을 데려옵니다. 베냐민은 요셉의 친동생입니다. 그 동생을 통해 돌아가신 어머니와 살아 계신 아버지를 생각하는 것입니다. 요셉은 베냐민을 끌어안고 펑펑 웁니다.

"형님들, 저를 몰라보시겠습니까? 저는 그 옛날 형님들이 아라비아 상인에게 넘긴 요셉입니다. 그러나 이제 두려워하지 마소서. 놀라지 마소서. 제가 당신들을 책임지겠습니다. 당신들을 구원해 내기 위해서 하나님이 저를 미리 보내셨을 뿐입니다. 형님들, 반갑습니다. 잘 사셨습니까?" 하면서 요셉이 방성대곡을 하였습니다.

그러자 형들은 벌벌 떨었습니다. 동생 총리대신이 혹시 자기들을 죽일까 싶어 덜덜덜 떨었습니다.

이것이 다윗 식으로 말하면 원수의 목전에서 상을 베푸시는 하나님의 은혜입니다. 더 나아가 요셉은 결국 아버지를 모시고 옵니다. 그때 야곱이 얼마나 울고 요셉이 얼마나 울었습니까? 그때 형들은 얼마나 미안하고 멋쩍었겠습니까? 그런 장면들이 원수의 목전에서 상을 베푸시는 모습입니다.

반전(反轉)의 영광

에스더와 모르드개 이야기도 있습니다. 하만의 모략으로 모르드개와 온 유대인들은 다 죽음을 당하게 되었습니다. 자칫하면 에스더까지 목숨이 위태로운 상황입니다. 그런데 에스더가 왕에게 나아가려고 하는 날, 하나님이 아하수에로 왕을 잠을 자지 못하게 하신 것입니다.

이상하게도 왕은 그날 불면증에 시달렸는데, 후궁들이 많으니까 아하수에로 왕이 후궁들에게 갈 수도 있었지만 가지 않고 역대일기를 보고자 합니다. 그것을 보니 모르드개의 업적이 나옵니다.

궁중의 어떤 신하들이 역모를 꾸몄는데, 그 정보를 모르드개가 미리 알고 그것을 에스더 왕후에게 이야기해서 역적들을 발본색원해버린 것입니다. 왕이 바쁘다 보니까 그것을 잊어버리고 있었습니다. 그래서 그 밤에 일지를 보면서 기억하는 것입니다. 한편 모르드개에게 미안한 마음이 들었습니다.

'세상에, 모르드개가 이렇게 좋은 일을 했구나……. 내 목숨을 살

려주었는데 내가 모르고 있었다니…….'

그때 하만은 궁중의 뜰에 높은 장대를 달고 있었습니다. 내일이면 모르드개를 매달아 놓고 처형하려고 장대를 세우고 있었던 것입니다. 왕이 하만을 부릅니다.

"내가 하만 대신과 의논할 일이 있어서 불렀는데, 진짜 역적을 소탕해서 내 목숨을 구명해 준 신하가 있다면 어떻게 예우를 해주어야 하겠나?"

하만은 그 주인공이 자기인 줄 알고 이렇게 말합니다.

"왕의 옷을 입고 왕의 말에 태우고 온 도성을 돌고 다니게 해야 합니다! 왕에게 충성하고 왕을 사랑하는 자는 이런 영광을 누리게 하소서."

그러자 아하수에로 왕이 명령합니다.

"그러면 내일 날이 밝는 대로 모르드개에게 내 옷을 입히고, 그를 내 말에 태워서 도성을 돌게 하라. 그리고 하만 자네가 말고삐를 잡고 호위하라."

세상에 이렇게 자존심 상하고 망신당하는 일이 있을 수 있습니까? 이튿날 하만이 모르드개에게 왕복을 입힌 후, 왕의 말에 태우고 외치고 다닙니다.

"왕을 사랑하는 자는 이런 영광을 받는다! 왕에게 충성하는 자는 이렇게 존귀하게 된다!"

바로 이것이 다윗 식으로 표현하면 원수의 목전에서 상을 베푸시는 하나님의 역사입니다. 나중에는 하만과 그의 모략에 가담한 일당들을 모두 다 죽게 만들어 버립니다. 그리고 하만의 영광의 자리에 모르드개를 앉힙니다.

이 얼마나 위대하게 원수의 목전에서 상을 베푸시는 하나님의 역사입니까? 여기서 이스라엘의 부림절이 나왔습니다. 부림절은 유월절 다음으로 유명한 이스라엘의 절기입니다.

우리가 여호와를 목자로 삼고 또 여호와 하나님께서 우리의 목자가 되시면, 우리도 얼마든지 원수의 목전에서 상을 베푸시는 하나님의 은혜를 경험할 수 있습니다.

♪ 예수 이름으로 예수 이름으로 승리를 얻겠네
예수 이름으로 예수 이름으로 승리를 얻겠네
예수 이름으로 나아갈 때 우리 앞에 누가 서리요
예수 이름으로 나아갈 때 승리를 얻겠네

승리는 내 것일세 승리는 내 것일세
구세주의 보혈로써 승리는 내 것일세
내 것일세 승리만은 구세주의 보혈로써 항상 이기네

승리의 하나님

어떤 사람이 예수 믿는다는 이유로 10년, 20년 전에 무던히도 핍박을 받았습니다. 친정에서도 핍박을 받았고, 시댁에서도 핍박을 받았습니다. 그 핍박은 이루 말할 수가 없습니다. 제사 안 지낸다고 핍박받고, 주일 빼먹고 어디 놀러 가자고 하는데 끝까지 안 가서 핍박받았습니다. 고향에 내려가도 시댁에 내려가도 사람 취급도 못 받았습니다. 핍박하던 사람들은 일요일마다 놀러 다니고, 제사 지내고, 우상 섬기며, 기고만장하며 살았습니다.

그로부터 세월이 흘렀습니다. 그들은 다 쫄딱 망했습니다. 하지만 하나님께서 그 핍박받던 사람에게는 복을 주셨습니다. 남편은 계속 승진합니다. 집이 날로 번창합니다. 그래서 이제부터는 시댁을 도와주고 시부모와 형제들을 다 도와주게 되었습니다. 친정도 도와주는 것입니다.

이제는 형제들이 옛날에 핍박했던 것들이 미안해서 고개를 못 듭니다. 부모님도 그랬습니다. 면목이 없어서 미안하게 생각하고, 항상 마음의 고개를 숙이고 절을 하는 것입니다. 바로 이런 것도 원수의 목전에서 상을 베푸시는 하나님의 축복입니다.

우리 교회에 어떤 집사님이 계십니다. 그 집사님은 교회 안 다니다가, 마음의 질병을 얻은 가운데 우리 교회에 나왔습니다. 그리고 영육간의 강건함을 얻고 무척 행복해 했습니다. 너무 좋다 보니 여수에 있는 350평 땅을 바쳐 버렸습니다. 절반은 아버지 것으로 되어 있고 절반은 자기 것으로 되어 있는데 그것을 바친 것입니다.

그 사실을 알게 된 아버지가 노발대발하였습니다. 온 집안이 난리가 났습니다. 아버지가 교회까지 찾아와서, 그 집사님 앞에서 칼을 들고 가서 땅을 안 찾아오면 심장을 찔러 죽여 버리겠다고 하였습니다. 그리고 아버지뿐이겠습니까? 형제들이 다 그 집사님을 미쳤다고 조롱하고 핍박하였습니다.

제가 그때 하도 마음이 아파서 그 땅 도로 가져가라고 했습니다. 아버지가 돌아가실 것 같으니까 그냥 다시 가져가라고 했습니다. 그랬더니 그 집사님은 믿음으로 바쳤는데 왜 내 성의를 무시하냐고 하며 막무가내였습니다.

그 집사님의 아버지는 돌아가시지는 않았지만, 그 후로 계속해서 아버지와 형님들이 무시하고 핍박했습니다.

세월이 흘렀습니다. 그런데 하나님이 왜 그렇게 그 집사님에게 복을 주시는지 모릅니다. 직장에서 승승장구하고 물질의 축복을 부어 주셨습니다. 그리고 마침내 집도 샀습니다. 전에는 몸도 마음도 아팠는데, 영육이 강건해져서 쾌활하게 살게 되었습니다. 게다가 그 집사님이 이제 힘있는 사람이 되었습니다. 그래서 아버지와 형제들이 예수를 믿게 되었을 뿐 아니라 형제들이 그 집사님에게 부탁까지 하는 것입니다.

"우리 동생, 이번에 나 좀 도와줘. 특별히 새에덴교회 소 목사님한테 잘 이야기를 해서 제발 좀 도와줘. 내 앞길 좀 도와줘. 그렇게만 해 주면 동생은 아버지 못 모시더라도 내가 아버지 잘 모시고 아버지한테 효도할게……. 동생, 나 좀 도와줘."

정 집사님이 제게 이야기를 하는데 제가 어떻게 가만히 있겠습니까? 제가 이런 이야기를 듣고 어떻게 안 도와줍니까? 그래서 제가 할 수 있는 일들을 해드렸습니다. 그랬더니 그 집사님은 싱글벙글해서 "제가 목사님한테 잘하겠습니다. 우리 새에덴교회에 잘하겠습니다" 하는 것입니다. 이것이 바로 원수의 목전에서 상을 베풀어 주시는 은혜입니다.

갚아 주시는 하나님

우리 정 권사님도 그렇습니다. 하나님이 얼마나 시골 촌뜨기에게 축복을 많이 주셨습니까? 친척들이 정 권사님 칠순 때도 오고, 또 우리 교회를 방문한 적이 있는데 와서 보고는 우리 정 권사님 복 받았다고 소문을 냈습니다. 그래서 제가 정 권사님에게 한 번 목포에 내려가시라고 한 것입니다.

제가 그때 여비를 조금 쥐어 드렸습니다. 목포에 내려가니 거의 한 50여 명의 친척들이 왔습니다. 그분들 모두에게 식사 대접을 해 드렸습니다. 멀리서 온 사람들은 교통비도 주었습니다. 그리고 그날 저녁은 고향 교회에 가서 일일 집회를 했습니다.

옛날에 예수밖에 모르는 '미친×' 라고 핍박하고 조롱하던 사람들이 정 권사님 앞에 머리를 숙였습니다. 옛날에 핍박한 것이 미안해서 고개를 숙이고, 신세 지게 되어서 고개를 숙이고, 또 복 받은 사람 앞에 서니까 머리를 숙이는 것입니다. 우리 권사님은 그곳에서 기뻐하며 간증하고 하나님의 은혜를 자랑했습니다.

♪ 지나온 모든 세월들 돌아보아도
그 어느 것 하나 주의 손길 안 미친 곳 전혀 없네
오 신실하신 주 오 신실하신 주
내 너를 떠나지도 않으리라 내 너를 버리지도 않으리라
약속하셨던 주님 그 약속을 지키사
이후로도 영원토록 나를 지키시리라 확신하네

저도 한마디 드릴 말씀이 있습니다. 저는 어머니가 살아 계실 때,

가면 꼭 용돈을 드렸습니다. 그런데 연로해서 돈도 못 쓰고 활동도 못하는데, 노인들은 용돈을 드리면 얼마나 좋아하시는지 모릅니다. 어머니께 용돈을 갖다드리면 어머니가 막 우십니다.

한번은 배영수 집사와 함께 갔는데, "이렇게 잘나고 똑똑한 아들을 내가 왜 그렇게 옛날에 구박을 했을꼬. 왜 그렇게 예수 믿는다고, 신학교 간다고 구박을 했을꼬. 이렇게 큰 목사가 될 줄 모르고 내가 왜 그랬을꼬……" 하면서 우십니다.

그러면 제가 기분이 더 좋아서 지갑에 비상금 있는 것까지 다 털어드립니다. 그러면 제 어머니가 더 큰 소리로 우십니다. 그러니까 배영수 집사, 그 쫀쫀이가 지갑에서 돈을 꺼내는 것입니다. 우리 배영수 집사는 마음이 착하기는 하지만 손이 큰 사람은 아닙니다. 배영수 집사는 인정은 많은데, 씀씀이가 크지는 않습니다. 그런데 그 쫀쫀이도 지갑을 열고 용돈을 드리는 것입니다.

그러다가 서울로 돌아오면 또 어머니가 아프십니다. 그러면 또 내려가서 어머니를 병원에 입원시켜 드리고, 어떤 때는 간병인을 사서 어머니를 간호해 드렸습니다. 또 중환자실에도 갑니다. 그러면 의사들이 곧 돌아가신다고 합니다. 그렇지만 중환자실에 계신 어머니를 그대로 두고 저는 또 미국 일정이 있어서 갑니다. 돌아가셨다고 연락이 오면 바로 오기는 와야지만 어쩔 수 없이 가는 것입니다.

자식은 부모한테 아무리 효도하고 잘한다고 하지만 모두 다 불효자입니다. 어머니가 오늘내일 하는데도 또 외국에 나가는 것입니다. 그래도 저는 주의 사명 때문에 가는 것이지 제 사업이나 직장 때문에 간 것은 아닙니다. 그렇게 미국에서 집회를 하고 일을 다 보고, 계속 전화를 해도 안 돌아가셨다는 것입니다.

한국에 들어와 보면 중환자실에서 나와서 또 일반실로 옮겨져 있습니다. 제가 찾아가면, “우리 목사 아들아, 내가 다시 살아부렀다. 미안해서 어쩌냐. 괜히 우리 자식들 못할 일 시켜서 미안해서 어쩌냐……” 하시는 것입니다.

그러면 제가 또 용돈을 쥐어드리며 말합니다.

“어머니, 드시고 싶은 것 있으면 언제든지 사 드시고 손자들 용돈도 주세요.”

그러면 우리 어머니가 또 울면서 말씀하십니다.

“아이고 세상에, 이렇게 좋은 아들, 훌륭한 목사 아들을 옛날에 내가 구박해 버렸어. 내가 이렇게 좋은 아들을 회초리로 때리고 몽둥이로 패 버렸어.”

그러면 제가 그러죠.

“아, 그때는 어머니가 저 잘되라고 그런 것 아닙니까.”

이런 상황도 부모님이지만 원수의 목전에서 상을 베푸시는 하나님의 은혜가 아닐 수 없습니다.

바로 다윗이 이런 은혜를 경험했습니다. 그래서 원수의 목전에서 상을 베푸시는 하나님을 노래하고 찬양했던 것이 아닙니까? 은혜 받고 하나님께 눈물로 씨 뿌릴 때 조롱하는 사람도 있었을 것입니다. 그럴지라도 하나님이 우리의 목자가 되어 주시면 우리에게 원수의 목전에서 상을 베푸시는 은혜를 베풀어 주시는 것입니다.

그뿐 아니라 저 영원한 천국에 가서도 하나님 앞에 영광스러운 상급을 받고 면류관을 받음으로써 수많은 천상 성도들에게 칭찬과 인정과 박수와 갈채를 받게 하실 것입니다. 바로 이 모든 일이 원수의 목전에서 상을 베푸시는 하나님의 은혜입니다.

7장

기름 부으심과 잔이 넘침

주께서 내 원수의 목전에서 내게 상을 차려 주시고
기름을 내 머리에 부으셨으니 내 잔이 넘치나이다
(시 23:5)

7장 기름 부으심과 잔이 넘침

시편 23편은 어느 때 불러도 좋은 노래입니다. 어떤 시든지 한쪽이 좋으면 다른 한쪽이 좋지 않을 수 있습니다. 그리고 어느 부분만 잘라서 시를 읽으면, 시답지 않거나 와 닿지 않는 구절들이 있습니다. 그러나 시편 23편은 어느 쪽을 잘라 놓고 봐도 아름다운 시입니다. 참으로 감격이 넘치고 기쁨이 넘치는 시입니다.

우리는 이 시편 23편을 가지고 어떤 사람에게든지 축복을 해줄 수 있습니다. 먼저 아이가 이 땅에 태어났을 때 누구든지 그 아이를 향하여 이렇게 축복할 수 있습니다.

> "여호와는 이 아이의 목자시니, 이 아이의 평생에 부족함이 없을지로다!"

그리고 방황기에 있는 청소년에게는 이렇게 축복할 수 있습니다.

"여호와는 이 아들의 목자시니, 아무리 이 아들이 혼돈과 사망의 음침한 골짜기로 다닐지라도 주의 지팡이와 막대기가 그를 안위하여 주옵소서!"

또한 결혼식장에서 신혼부부를 이렇게 축복할 수 있습니다.

"여호와께서 이 신혼부부의 평생에 목자가 되어 주시면, 언제나 부족함이 없을 것입니다. 어차피 인생은 전쟁인데, 세상 살면서 여러 가지 싸움과 여러 가지 경쟁도 많이 있겠지만, 목자 되시는 하나님께서 원수의 목전에서 언제나 승리의 잔치를 베풀어 주실 것입니다. 그리고 언제나 그 잔을 넘치게 채워 주실 것입니다."

또 병원에 입원해 있거나, 병들어 고통 받는 환자에게도 이렇게 치유의 기도를 해줄 수 있습니다.

"이 형제의 목자가 되어 오셨던 하나님, 하나님은 형제가 살아온 반평생 동안 언제나 푸른 초장과 맑은 시냇물가로 인도해 주셨습니다. 사망의 음침한 골짜기를 다녔을 때는 지팡이와 막대기가 안위하여 주셨습니다. 그런데 이제는 이 형제가 원치 않는 병에 걸려 병상에 누워 있사오니, 목자 되신 주께서 형제의 머리에 기름을 부어 주옵소서. 그래서 치유의 잔이 넘치게 하시고 은혜의 잔이 넘치게 하옵소서."

참 아름다운 시편 23편

그뿐입니까? 장례식장에서도 이 시편은 놀라운 설교의 주제가 될 수 있습니다.

"하나님께서는 평생 고 김 장로님의 목자이셨습니다. 그래서 김 장로님은 언제나 하나님 안에서 부족함 없는 생애를 사셨습니다. 언제나 우리 김 장로님을 푸른 초장과 맑은 물가로 인도해 주셨습니다. 그리고 언제나 하나님의 선하심과 인자하심이 그를 따랐습니다. 고 김 장로님은 참으로 선한 목자 되시는 주님의 은혜를 따라 행복한 인생을 사셨습니다. 그러다가 이제 김 장로님은 여호와의 집에서 영원히 거하시게 되었습니다."

이렇게 시편 23편은 참으로 아름다운 시입니다. 어디에다 갖다 붙이고, 어디에다 적용해도 다 아름다운 시가 됩니다. 이 아름다운 시는 계속해서 이렇게 이어지고 있습니다.

"주께서 내 원수의 목전에서 내게 상을 차려 주시고 기름을 내 머리에 부으셨으니 내 잔이 넘치나이다."

하나님은 원수의 목전에서 식탁만 베푸시고 잔치만 베푸시는 분이 아니었습니다. 기름으로 우리 머리에 부어 주시고 우리의 잔도 넘치도록 해주시는 분입니다.

양들은 저녁이 되면 푸른 초장에 있을 수가 없습니다. 또 언제나 저녁 내내 잔잔한 물가에만 있을 수가 없습니다. 아무리 목자가 양들을 잘 지킨다 해도 맹수들은 저녁이 되면 사냥의 천재가 되는 것

양 우리

입니다. 포획과 노략의 명수가 됩니다.

그러니까 저녁이 되면 반드시 임시로 만들어 놓은 양 우리로 돌아와야 합니다. 목자는 항상 광야에서도 양을 아무렇게나 재우지 않습니다. 돌을 쌓아 놓고 우리를 만듭니다. 위의 그림이 광야에서 임시로 만들어 놓은 양 우리의 모습입니다.

바로 저 우리에 양을 들어가게 하고, 목자는 그 양 우리의 문에 비스듬히 기대어 양을 지킵니다. 그 양들은 우리 안에만 있으면 매우 안전합니다. 아무리 배짱이 좋은 곰이나 사자들도 돌로 쌓아 놓은 양 우리까지 와서 양을 물어갈 수는 없기 때문입니다.

목자 가까운 데는 돌을 좀 낮게 쌓아 놓고, 목자로부터 먼 데는 돌을 조금 높게 쌓아 두었습니다. 어쨌든 양 우리의 경계의 돌이 높든 낮든, 그 안에만 있으면 양들은 안전합니다. 왜냐하면 우리의 경계는 목자의 절대 주권의 영역 안에 있기 때문입니다.

옛날 중국 영화를 보면 이런 장면이 나옵니다. '왕조현' 이 나오는 "천녀유혼" 같은 영화를 보면, 무공을 하는 사람이 자기 검으로 원을 그어 둡니다. 경계선까지 자기 무공의 기로 영역 표시를 해 놓는 것입니다. 그러면 아무리 귀신들이 밖에서 날뛰고 발광을 해도 그 안은 안전합니다. 그 안에만 있으면 그 사람을 끌어낼 수도 없고 잡아갈 수도 없습니다. 이런 모습이 양들을 지키는 목자를 표현하기 위해 적절한 것 같습니다.

목자의 역할이 그런 것입니다. 아무리 사자나 하이에나, 늑대들이 와서 광야에서 "우우~~" 하고 울어대도 양 우리 안으로까지 들어올 수는 없습니다. 목자가 지키고 있기 때문입니다. 그래서 양들은 우리 안에 들어가 있어야 합니다.

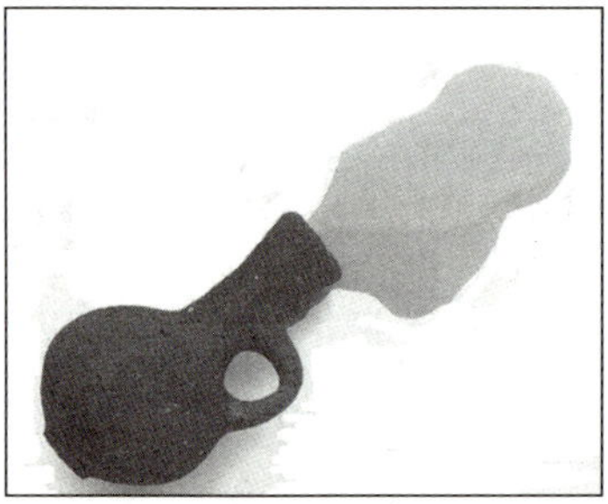
기름 붓는 병

하루 일과를 마치고 우리 안으로 들어오는 양들에게 목자는 마지막으로 인자와 사랑의 손길을 베풉니다. 그 인자하고 사랑이 넘치는 마지막 손길이 바로 양들의 목덜미에 기름을 부어 주며, 손으로 양들의 머리를 쓰다듬어 주는 것입니다.

그때 기름만 부어 주는 것이 아닙니다. 개별적으로 양들의 이름을 불러 줍니다. 그러면서 손으로 머리와 목덜미를 쓰다듬어 줍니다. 이때 부어주는 기름은 올리브기름입니다. 그러면 양들은 매우 만족하고 행복한 표정을 지으며 우리에 들어가서 곤하게 잠을 잡니다. 그리고 목자는 저녁 내내 양 우리의 문에 기대어 양을 지킵니다.

물론 목자도 양들이 잘 때 같이 잡니다. 그러나 목자들은 아무 생각 없이 코를 골고 자는 것이 아닙니다. 항상 긴장한 상태로 있습니다. 잠을 자더라도 한 눈을 뜨고 잡니다. 그만큼 근신하고 깨어 잠을 잔다는 것입니다.

혹시라도 잠자는 양이 잠을 자지 않고 "메에~~" 하고 울거나 저 멀리서 늑대나 하이에나의 울음소리가 들리면 당장 눈을 뜨고 양 우리를 둘러봅니다. 그래서 양들은 안심하고 목자를 믿고 잠을 잘 잘 수 있는 것입니다.

다윗도 이 사실을 잘 알았습니다. 그래서 하나님께서도 자기 머리에 기름을 부어 주시고 잔이 넘치게 해주셨다고 고백합니다.

오늘날 우리도 마찬가지입니다. 하나님은 언제나 우리 머리에 기름을 바르시고 우리 잔을 넘치게 해주십니다. 언제나 올리브유 대신 성령의 기름을 발라 주시고, 그래서 우리의 영혼의 잔이 철철 넘치게 하십니다.

양들이 우리에 올 때마다 목자가 기름을 발라 주듯, 하나님도 하나님의 전으로 나아오는 자들에게 기름을 부어 주시고 잔을 넘치게 채워 주십니다.

이 얼마나 감사한 일입니까? 이 하나님이 얼마나 아름다운 목자이십니까? 그래서 우리가 이 하나님을 노래하지 않을 수 없는 것입니다. 찬양하지 않을 수가 없습니다.

♪ 기름을 머리 위에 바르시는 주님
평생에 선하심과 인자함 따르리니
선한 목자 오 나의 목자여
생수가 넘치는 곳 날 인도하시네

그러면 이때 목자는 왜 양들에게 기름을 부어 준단 말입니까? 무엇 때문에 올리브 기름을 발라 주며 양들을 그 손으로 쓰다듬어 준단 말입니까?

1. 양들에게 기름을 발라주는 이유

1) 양들의 상처를 치유하기 위해서입니다

아무리 푸른 초장과 쉴 만한 물가에 다녀왔다 하더라도 양들 중에는 상처 입은 양이 있게 마련입니다. 왜냐하면 사망의 음침한 골짜기를 통과하거나 가파른 길을 다녔기 때문입니다. 그런 곳을 지나다 보면 여러 가지로 지치고 상처를 입게 됩니다. 또 스스로 다쳐서 상처를 입기도 합니다.

그때 목자는 기본적으로 양들의 머리에 기름을 부어 주지만, 몸 전체를 유심히 살펴봅니다. 속털까지 살펴봅니다. '머리에 다친 데가 없나? 콧잔등이나 다리, 배에 다친 데가 없나? 혹시 꼬리 부분을 다치지 않았나?' 하고 상처를 확인합니다. 그리고 다친 곳에 올리브 기름을 발라 줍니다. 올리브 기름은 상처를 치료하는 데 탁월한 효과가 있습니다.

또 양들 중에는 음식을 잘못 먹었거나 과식하여 소화불량에 걸린 양들이 있습니다. 목자는 이런 양에게 기름을 부으며 마사지를 해줍니다. 배 마사지, 등 마사지, 다리 마사지 등.

그리고 저녁에 잠을 자고 있는데, 곰이나 사자의 울음소리가 들릴 수 있습니다. 이럴 때 겁 많은 양들은 쇼크 상태가 됩니다. 목자는 그런 양들에게 기름을 발라주며, 쓰다듬어 줍니다. 그렇게 해서 목자들은 양들을 치유해 주는 것입니다. 양들에게 있어서 올리브 기름은 우리에게 호랑이 연고와 같다고 할 수 있습니다.

성령의 기름

다윗은 목동 생활을 하면서 이것을 깨달았습니다. 하나님이 자신의 목자가 되어 주셔서 자신의 상처를 치유해 주셨다는 것입니다. 그 역시 얼마나 사울에게 상처를 많이 받았습니까? 세상에 장인이 사위를 죽이려고 하는 경우가 어디 있습니까?

그러니 다윗이 상처를 안 받을 수가 있었겠습니까? 밤마다 동굴에 숨어서 그 일을 생각하면서 얼마나 맘고생을 많이 했겠습니까? 그 생각을 하면 얼마나 기가 막히고 절망적이었겠습니까? 그때마다 하나님은 다윗에게 성령의 기름을 부어 주셨습니다. 사랑으로 기름을 부어 주신 것입니다.

저녁이 되면 다윗이 어느 동굴에 가서 숨었을 것 아닙니까? 그러면 하나님께서 성령의 기름을 부어 주시고, 다윗을 위로하시고 격려하시는 것입니다.

"다윗아! 내가 너와 함께한다. 내가 널 이렇게 사랑하고 있지 않느냐? 언젠가 너는 이스라엘의 왕이 될 것이다. 사울은 언젠가 반드시 망하게 되고, 너는 이스라엘의 왕이 될 것이다. 너는 흥하게 되고 사울은 곧 망하게 될 것이다. 너는 전무후무한 축복을 받게 될 것이다."

그렇게 위로하면서 하나님은 다윗의 마음의 상처를 치유해 주셨습니다. '마라'(מרה)와 같은 쓴 연못을 단물이 나는 샘으로 바꿔 주셨습니다.

우리도 마찬가지입니다. 우리도 인생을 살다 보면 어두운 골짜기를 통과할 때가 있습니다. 사망의 음침한 골짜기를 통과할 때도 얼마나 많이 있습니까? 그러다 보니 환경이나 사람들로부터 마음의 상처를 받는 경우도 많습니다. 또 우리 스스로 상처를 받는 경우도 있습니다. 그럴 때 주님께서 우리 마음에 성령의 기름을 부어 주십니다. 우리 이름을 불러 주시면서 위로의 기름을 발라 주십니다. 그러면서 우리 마음을 치유해 주시는 것입니다.

"사랑하는 아들아! 내가 너를 잘 안다. 내가 너에게 축복을 주겠노라! 사랑하는 딸아! 내가 네 마음을 안다. 내가 너를 사랑한다. 내가 너에게 반드시 축복을 주겠다."

♪ 사랑한다 아들아 내가 너를 잘 아노라
사랑한다 내 딸아 네게 축복 더하노라

인생을 살다 보면 상처 없는 사람이 어디에 있습니까? 저도 상처가 많은 사람입니다.

오래 전에 있었던 일입니다. 제가 당시 분당의 구미동 땅을 사려고 한창 '전 교인 특별새벽기도' 도 하고 '건축헌금 드리는 운동' 도 했습니다. 그때 우리 교회의 김현숙 권사님이 남편 되는 문 장로님을 설득하는 것입니다. 가락동에 있는 집을 처분해서 새에덴교회에 드리자고 말입니다. 당시 그분들은 병원은 광주에 있었지만, 서울에도 집이 있어서 매주 서울로 올라오던 중이었습니다.

문 장로님은 광주에 있는 교회에 드리지, 왜 서울에 있는 새에덴

교회에 드리냐면서 우리가 병원을 서울로 옮겨 가지 않는 이상 바치지 못하겠다고 하였습니다. 언제까지 서울 교회에 나가겠느냐고 하며 못 바친다는 것입니다.

그러자 김 권사님이 금식하고 단식에 들어갔습니다. 눈물로 남편에게 애걸복걸하고, 기도하며 남편을 설득하고자 하였습니다. 그런데 어느 날에는 너무 지나치다 못해 실성한 사람처럼 행동을 하는 것입니다. 실제 실성했는지, 아니면 실성한 척했는지 잘 모르겠지만, 아무튼 미친 행동을 하였습니다.

그래서 제가 그 집에 심방을 갔는데 김 권사님이 제 허리춤을 붙들고 이렇게 말합니다.

"이놈의 자식! 너 마귀지? 네가 우리 문 장로 헌금 못하게 한 거지? 너 이놈! 잘 왔다!"

하도 기가 막혀서 문 장로님이 창문을 바라볼 때 "그만 좀 하세요!" 하고 핀잔을 주었습니다. 그제서야 허리띠를 놓아 주었습니다. 제가 "예수 그리스도의 이름으로 사탄아, 물러가라!" 고 한 것이 아니라, "그만 좀 합시다! 나 소 목사요!" 라고 했는데 허리띠를 놓아 준 것을 보니 미친 척한 것이 아닌가 추측하는 것입니다.

일이 이 정도 되자 문 장로님이 하도 괴로워서 먹지도 못하는 맥주를 몇 잔 마시고, 술 취한 상태로 광주의 어느 목사님을 찾아갔습니다. 그 목사님은 그 지역에서 성자로 알려진 목사님입니다. 그리고 저를 개인적으로 도와주시고, 제가 그 밑에서 지도를 받기도 하였습니다. 제가 그분을 얼마나 존경했는지 모릅니다. 문 장로님이 제가 존경하는 그 목사님을 찾아간 것입니다. 그리고는 이렇게 물었답니다.

"목사님! 도대체 소강석 목사가 어떤 사람입니까? 목사님이 소강석 목사님을 지도하고 아꼈지 않습니까? 우리 마누라가 가락동의 집을 새에덴교회에 바치자고 저렇게 난리를 피우는데, 만약 소 목사가 크고 훌륭한 종이 될 것으로 확신하시면 제가 바치겠습니다."

그 목사님은 이미 고인이 되셨습니다. 문 장로님이 "나는 목사님 말씀에 따라 결정하겠습니다" 하고 말하니, 그 목사님이 "나는 소강석이 잘 모르오! 내가 잠시 데리고 있었던 것은 사실이지만, 내가 그 친구가 어떤 사람인지 사실 잘 모릅니다. 내가 아는 것은 사람이 극성스러운 것, 그것 빼놓고 나는 잘 모릅니다!" 라고 말씀하셨습니다.

문 장로님이 이 말을 듣고 와서, 안 바친다는 것입니다. 제가 이 이야기를 들었을 때 기가 막히고 가슴이 미어졌습니다. 제가 그분을 얼마나 사랑하고 존경했는지 모릅니다. 그런 분에게 그런 소리를 들으니 가슴이 찢어지는 것 같았습니다. 그러나 그때는 제가 못나고 부덕해서 그런 소리를 들었다고 생각하고 참았습니다.

그때 문 장로님은 우리 교회의 협동장로였습니다. 그런데 그 다음 날 당장 그 목사님이 그 교회 장로님을 시켜서 문 장로님 병원에 심방을 보냈습니다. 그리고 이렇게 말했다는 것입니다.

"문 장로님! 교회 문제로 갈등하지 말고, 우리 교회로 오시오! 우리 교회에 와서 편하게 신앙생활 하세요! 우리 교회도 건축하니까 우리 교회에 건축 헌금도 하고 그렇게 하세요!"

그 목사님이 그런 말을 하려고 장로님 한 분을 보낸 것입니다.

그때 저는 가슴이 미어지고 찢어지는 것 같았습니다. 제가 처음 이야기만 들었을 때는 제 부족함 때문이라고 생각했는데, 두 번째 이야기를 듣고 나서는 얼마나 절망했는지 모릅니다. 제가 지금까지 받은 상처 가운데 제일 컸던 것 같습니다.

저는 당장이라도 그 목사님을 찾아가고 싶었습니다. 찾아가서 무릎 꿇고, "목사님! 왜 그러셨습니까? 목사는 껍데기밖에 없는 명예와 존경보다는, 진정으로 받는 명예와 존경이 재산인데, 이럴 수가 있습니까?" 하고 말씀드리고 싶었습니다. 그러나 차마 못 갔습니다. 저는 그분이 은퇴한 이후에도 그런 이야기를 하고 싶었지만, 끝내 못 했습니다. 왜냐하면 그분께도 상처가 될 것 같아서 말입니다.

너무 기가 막혀서 그것이 제 마음에 상처가 되었고, 그래서 얼마나 많이 울었는지 모릅니다. 제 마음속에서 진정으로 존경할 스승을 잃어버리고 말았습니다. 그래서 제가 미국 가신 박종삼 목사님을 더 존경하고 우러러보는지 모릅니다. 그분은 미국까지 가서도 저를 잊지 않고, 끝까지 사랑해 주신 분입니다.

저는 며칠 밤을 지새우며 눈물로 기도했습니다. 낮에도 울고 밤에도 울었습니다. 그때 주님이 저에게 찾아오시고, 제게 성령의 기름을 부어 주시며 위로해 주셨습니다. 저에게 이렇게 감동하시는 것입니다.

"내 종 강석아! 그래서 사람은 믿을 수 없다고 했지 않느냐? 너는 나만 믿고, 나만 따르라! 앞으로 너는 나만 믿고, 나만 따르며, 나만 잘 섬기면 내가 원수의 목전에서 네게 상을 베푸는 축복을 줄 것이다. 내가 너를 더 영광되고 존귀하게 해 줄 것이다."

그후 이상하게 문 장로님이 하루아침에 마음이 바뀌었습니다. 김 권사님, 정 권사님, 임 권사님 등 기도하시는 분들이 금식하고 기도했더니, 어느 날 문 장로님이 마음을 바꾸었습니다. 그 장로님이 병원에 심방만 안 왔어도 문 장로님의 마음이 변하지 않았을 것인데,

심방 온 것 때문에 그 목사님을 신뢰하지 못하게 된 것입니다.

"나는 소 목사 잘 모르오!" 그것으로 끝났으면 되었는데, 그만 어느 장로를 보내서 자기 교회 나오라고 하고 자기 교회에 건축헌금 하라고 한 그 말이 걸려서 그만 "에라이! 그 교회 안 간다. 나는 새에덴교회로 간다. 그리고 새에덴교회에 건축헌금 한다!" 하고, 졸지에 그 집을 우리 교회에 바친 것입니다. 그때 땅값 지불하고 건축하는 데 큰 도움을 주었습니다.

문 장로님이 집만 바친 것이 아닙니다. 제가 너무 감사해서 문 장로님과 함께 성지 순례를 갔는데, 제가 그곳에 가서 얼마나 장로님에게 잘해 줬는지 모릅니다.

그때 이 양반이 감동을 받고 돌아와서 또 몇 억을 헌금하는 것이었습니다. 그때 몇 억은 참으로 큰돈이었습니다. 이렇게 하나님이 저를 이모저모로 위로해 주시고, 성령의 기름을 제 마음에 부어 주셨습니다.

이렇게 하나님은 우리의 상한 마음을 치유하시고, 위로해 주시는 분입니다. 그리고 성령의 기름을 부어 주시는 분입니다.

몇 년 전 그 목사님이 돌아가셨습니다. 그 목사님의 빈소에 찾아갔습니다. 아무리 바빠도 찾아가서 하룻밤을 새웠습니다. 발인 예배까지 참석했습니다.

그리고 그 목사님의 영정 사진을 바라보면서 이렇게 독백으로 물어 봤습니다. 이미 돌아가신 분에게 말입니다. 그렇다고 그 분이 알아듣겠습니까? 대답을 해주시겠습니까? 고인의 영정 사진이 어떻게 알아듣고 대답을 해주겠습니까? 그냥 제가 내적 치유 차원에서 해본 것입니다.

'목사님, 왜 그때 그러셨습니까? 내가 그것 때문에 얼마나 상처 받은 줄 아세요?'

저도 모르게 눈에서 눈물이 흘렀습니다. 만약 목사님이 살아 계시면 이렇게 대답을 하리라는 생각이 들었습니다.

'이 사람아! 그러니 자네가 이렇게 잘되지 않았는가? 그때 눈물 흘리며 힘들게 목회하고 기도하며 살았기에 이렇게 잘되지 않았는가? 이 사람아! 자네같이 복 받은 사람이 어디에 있어? 자네같이 축복 받은 사람이 어디에 있어?'

그런 것을 생각하니 더 눈물이 났습니다. 저에게 성령의 기름을 부어 주시고 위로하며 치유하신 주님이 너무나 감사했습니다. 저를 능하게 하시고 존귀하게 하신 주님이 너무나 감사했습니다.

주님은 우리에게도 성령의 기름을 부어 주십니다. 이것을 구약적인 용어를 사용해서 '기름으로 내 머리에 부으셨다'고 하는 것입니다. 물론 신약에도 이런 표현이 있습니다.

"너희는 거룩하신 자에게서 기름 부음을 받고 모든 것을 아느니라" (요일 2:20).

"너희는 주께 받은 바 기름 부음이 너희 안에 거하나니 아무도 너희를 가르칠 필요가 없고 오직 그의 기름 부음이 모든 것을 너희에게 가르치며 또 참되고 거짓이 없으니 너희를 가르치신 그대로 주 안에 거하라" (요일 2:27).

이런 성령의 기름 부음으로 하나님께서 우리를 위로하시고 치유하십니다. 우리 주님이 바로 이런 분입니다. 우리에게 이런 목자가 되어 주시는 하나님입니다. 그러니 우리는 그분의 신실한 양이 되어야 합니다.

♪ 나는 길 잃은 나그네였네 죄 중에 헤매이는데
사랑의 왕 내 목자 예수 나를 집으로 인도하네
진실로 선함과 그 인자하심이 날마다 함께하시리라
진실로 선함과 그 인자하심이 날마다 함께하시리라
영원토록 주 안에 내가 거하리라
영원토록 주 안에 나 안식하리라
진실로 선함과 그 인자하심이 날마다 함께하시리라

2) 질병을 예방하기 위해서입니다

양들에게 원수는 맹수만이 아닙니다. 온갖 쇠파리, 날파리, 똥파리, 진드기 등도 얼마나 원수 노릇을 하는지 모릅니다. 특별히 똥파리는 양의 콧구멍에 붙어서 알을 까기도 하고, 기생충을 떨어뜨립니다. 그 기생충이 양의 뇌에 들어가면 양이 죽기도 합니다. 그래서 목자는 똥파리들이 알을 까기 전에, 머리와 콧잔등에 기름을 발라 줍니다. 그러면 날파리나 똥파리들이 오지 못합니다.

기름을 발라 주면 피부병도 예방됩니다. 어느 양이 옴을 가지고 있다면, 서로 전염됩니다. 이럴 때 미리 올리브유를 발라 주면 전염이 되지 않습니다. 그런 의미에서 발라 주는 것입니다. 목자는 질병 예방 차원에서 이렇게 양들에게 기름을 발라 주었습니다.

하나님께서 다윗에게도 이렇게 해주셨다는 것입니다. 하나님께서 성령의 기름을 부어 주시고, 예방 차원에서의 격려와 위로와 희망을 주셨습니다. 광야에 갈 때도 언약을 붙잡고 나가도록 했고, 요나단과 사울을 통해서도 얼마나 위로와 소망의 말씀을 주셨는지 모릅니다.

"곧 요나단이 그에게 이르기를 두려워하지 말라 내 아버지 사울의 손이 네게 미치지 못할 것이요 너는 이스라엘 왕이 되고 나는 네 다음이 될 것을 내 아버지 사울도 안다 하니라"(삼상 23:17).

"사울이 다윗에게 이르되 내 아들 다윗아 네게 복이 있을지로다 네가 큰일을 행하겠고 반드시 승리를 얻으리라 하니라 다윗은 자기 길로 가고 사울은 자기 곳으로 돌아가니라"(삼상 26:25).

하나님께서는 다윗이 앞으로 10년 동안 도망 다니고, 광야에서 고독한 훈련을 받을 것을 아시고, 요나단과 사울을 통해 미리 위로해 주시는 것입니다. 그래서 다윗은 주께서 자기 머리에 기름을 부으셨다고 노래하는 것입니다. 성령의 은혜를 통해서, 혹은 당신의 거룩한 영으로 요나단을 감동하시고, 사울을 감동하셔서 위로해 주셨습니다.

예방하시는 하나님

우리 하나님은 '예방하시는 하나님' 입니다. 치유만 하시는 것이 아니라 예방도 하십니다. 우리가 시험에 들지 않도록 예방해 주시고, 또 질병에 걸리지 않도록 막아 주십니다.

"이르시되 너희가 너희 하나님 나 여호와의 말을 들어 순종하고 내가 보기에 의를 행하며 내 계명에 귀를 기울이며 내 모든 규례를 지키면 내가 애굽 사람에게 내린 모든 질병 중 하나도 너희에게 내리지 아니하리니 나는 너희를 치료하는 여호와임이라"(출 15:26).

우리 하나님은 치료도 해주시지만, 질병을 내리지 않고 예방하시며 막아 주시는 하나님입니다. 우리의 예방이 되어 주시고 막아 주시는, 방패가 되어 주시는 하나님입니다.

♪ 기름을 머리 위에 부으시는 주님
평생에 선하심과 인자함 따르리니
선한 목자 오 나의 목자여
생수가 넘치는 곳 날 인도하시네

3) 뱀이 접근하지 못하도록 하기 위해서입니다

아무리 푸른 초장이라 하더라도 거기에는 맹독을 가진 뱀들이 있습니다. 그런데 머리에 기름을 발라 놓으면 뱀이 접근하지 못합니다. 뱀은 올리브 기름 냄새를 싫어합니다. 그래서 감람나무 근처에는 뱀이 없습니다.

우리나라에도 잣나무나 향나무, 편백나무가 있는 곳에는 뱀이 안 삽니다. 뱀이 제일 싫어하는 냄새가 '백분' 입니다. 그래서 약초 캐는 사람들은 백분을 주머니에 넣고 다닙니다. 올리브유가 이런 역할을 하였습니다.

이와 같이 하나님도 사랑하는 사람에게 기름을 부어 주십니다. 원수들이 기름 부음 받은 종을 해치지 못하게 하려고 말입니다.

"이르시기를 나의 기름 부은 자를 손대지 말며 나의 선지자들을 해하지 말라 하셨도다"(시 105:15).

다윗이 사울을 죽일 기회가 두 번이나 있었는데 해치지 않았습니다. 하나님의 기름 부음 받은 종이었기 때문입니다. 사울이 악한 종이기는 하지만, 그래도 하나님께서 기름 부어 세우신 종이기에 해하지 않은 것입니다.

"자기 사람들에게 이르되 내가 손을 들어 여호와의 기름 부음을 받은 내 주를 치는 것은 여호와께서 금하시는 것이니 그는 여호와의 기름 부음을 받은 자가 됨이니라 하고"(삼상 24:6).

이처럼 오늘날 하나님은 우리에게 성령의 기름을 부어 주십니다. 원수 마귀가 우리를 해하지 못하게 성령의 기름을 부으시는 것입니다. 그러므로 우리에게 중요한 것은 성령 충만입니다. 이것이 가장 중요합니다. 돈을 버는 것보다, 명예보다, 성령 충만을 받아야 합니다. 성령 충만을 받아야 감동하고, 사탄이 유혹하지 못합니다. 주일에 놀려고 해도 안 되고, 십일조를 떼먹어서도 안 되며, 사탄이 우리를 유혹할 때 넘어가서도 안 됩니다.

♪ 성령 충만으로 성령 충만으로 뜨겁게 뜨겁게
성령 충만으로 성령 충만으로 뜨겁게 뜨겁게

성령 충만으로 나아갈 때 우리 앞에 누가 서리요
성령 충만으로 나아갈 때 승리를 얻겠네

4) 싸우지 않고 화목하게 지내도록 하기 위해서입니다

양들은 순하기 때문에 싸움을 거의 하지 않습니다. 어쩌다가 짝짓기를 할 때, 암양을 차지하기 위해 간혹 싸움을 하는 수가 있습니다. 그러나 양은 한번 싸움을 하면 머리가 깨지도록 싸움을 합니다. 그래서 이마 부딪히는 소리가 1,600-1,700미터까지 들린다고 합니다. 그러다 보니 어떤 양은 머리가 깨져서 죽기도 합니다. 죽을 때까지 싸운다는 것입니다.

비둘기도 마찬가지입니다. 좀처럼 싸우지 않지만, 싸웠다 하면 죽을 때까지 싸운다고 합니다. 이런 싸움을 자주 하는 양에게 목자는 기름을 머리에 흠뻑 부어 줍니다. 그러면 이마가 미끄러워 싸우다가도 그만둡니다. 이마에 기름을 발라 놓으면 서로 받아도 받아지지 않으니, 몇 번 하다가 포기하고 맙니다. 멍하니 서로 바라보다 포기하고 마는 것입니다.

성도들도 은혜와 성령이 충만하면 싸우지 않습니다. 그런데 한번 싸우면 죽을 때까지 싸웁니다. 얼마나 지독한지 교회 문제를 세상 법정에 가지고 가서 싸웁니다. 지방법원, 고등법원, 대법원까지 올라갑니다. 그렇게 싸우다 하나님의 벌을 받고 피를 흘려도, 끝까지 물고 늘어져 싸웁니다.

성도가 교회 밖에서 이겨야지, 교회 안에서 이기면 무슨 소용이 있습니까? 교회 밖에서 세상과 사탄과 싸워 이겨야지, 교회 안에서 같은 양과 싸워서 어쩌겠다는 것입니까? 교회 밖에 있는 늑대나 하이에나와 싸워서 이겨야지, 나보다 약한 양과 싸워 이기면 무슨 소용이 있느냐는 것입니다.

성령 충만하지 못한 자들의 다툼

교회 안에서 싸우는 이유는 성령 충만하지 못하기 때문입니다. 성령 충만하지 못하고, 은혜 충만하지 못해서 싸우는 것입니다. 이런 교회는 하나님께서 기름 부음을 충만하게 부어 주십니다. 성령 충만해야 안 싸우고 화목하게 지냅니다.

기계도 기름이 없으면 삐걱거리고 소리만 납니다. 쇠가 깎이고 삐걱거리는 소리가 납니다. 기름과 윤활유가 있으면 삐걱거리지도 않고 기계가 잘 돌아갑니다. 그러므로 교회에는 반드시 성령 충만이 있어야 합니다. 성령이 충만해야 싸우지 않습니다. 기름이 기계에 부어지듯 기름 부음이 있어야 합니다.

우리가 성령 충만 받아야 하는 이유가 여기에 있습니다. 그런 의미에서 성령 충만한지 항상 스스로에게 질문해야 합니다.

우리는 기름 부음이 충만한 상태에 있습니까? 아니면 기름 부음이 없는 상태입니까?

우리는 서로 싸웁니까? 목사와 장로가 싸우고, 성도와 성도가 싸웁니까? 물론 약간의 마찰은 있을 수 있습니다. 기질이 다른 사람이 모이는 곳에는 조금씩 다툼이 있을 수 있습니다. 그러나 성령의 충만을 받으면, 몇 번 들이받다가 그만둡니다. 싸움이 안 됩니다. 이마가 미끄러워서 안 됩니다.

“시기하고 질투하고 싸워봐야 하나님이 기뻐하시지 않는구나!” 하고 포기합니다. 싸움은 하나님이 기뻐하실 수가 없습니다. 결국 싸움을 포기하는 것입니다. 인간적인 성격과 오기 같아서는, 끝까지 물고 늘어지겠는데 성령님 때문에 그렇게 할 수 없습니다.

그래서 기름 부음 받는 것이 중요합니다. 우리는 언제나 성령 충만을 사모해야 합니다. 우리에게는 주님 오실 때까지 성령 충만이 재산입니다.

♪ 마지막 날에 내가 나의 영으로
모든 백성에게 부어 주리라
자녀들은 예언할 것이요 청년들은 환상을 보고
아비들은 꿈을 꾸리라 주의 영이 임하면
성령이여 임하소서
성령이여 우리에게 임하소서

5) 사랑을 확인하고 칭찬과 격려와 보상의 의미로 부어 줍니다

지금까지 기름을 부어 주는 것은 질병을 치료하고, 예방하며, 맹수가 접근하지 못하게 하고, 서로 싸우지 못하게 하기 위해서임을 밝혔습니다. 이런 것들이 다 중요한 이유입니다. 그러나 기름을 붓는 가장 중요한 이유가 있습니다.

사랑을 확인하고 칭찬하고 격려하고 보상하기 위해서입니다. 양떼들은 푸른 초장, 쉴 만한 물가를 거쳐서 양의 우리로 돌아옵니다.

목자가 양의 우리로 잘 데려왔습니다. 이제 목자가 양의 이름을 하나씩 부르면서 기름을 붓습니다. 그리고 머리를 쓰다듬어 줍니다. 이것은 '오늘 하루 수고했다' 는 것입니다. 마치 이렇게 말하는 것과 같습니다.

"너는 정말 내 귀한 존재이고, 나의 귀한 양이다. 그래서 나는 너를 끝까지 지켜줄 것이다. 나는 너를 사랑한다. 그리고 오늘 저녁만 너를 지키는 것이 아니라, 앞으로도 나는 너를 지켜줄 것이다. 앞으로도 너를 지켜줄 것이다. 내일도 너를 푸른 초장과 맑은 물가로 인도해 줄 것이다."

이런 의미에서 기름을 부어 주는 것입니다.

기름을 바르면서 머리를 쓰다듬어 줍니다. 이것은 양과 목자 사이에 맺는 일종의 기름 언약이라고도 말할 수 있습니다. 그럴 때 양들은 아무 걱정 없이, 우리 안에서 평안하게 잠을 잘 수 있습니다. 아무리 밖에서 맹수의 소리가 들려도 문제없습니다.

사자 소리, 하이에나 소리가 들려도 괜찮습니다. 물론 의인법적인 표현이지만 양들이 이렇게 생각하는 것입니다.

'목자가 나를 이렇게 사랑해 주고, 내 머리에 기름을 발라 주면서까지 나를 지켜 준다고 하니 내가 겁날 것이 있겠는가? 기름으로 세운 언약이 있는데…….'

다윗은 바로 이러한 부분을 강조하고 있는 것 같습니다. 하나님은 자기 자신에게 원수의 목전에서 잔칫상만 베풀어 주신 분이 아닙니다. 사실은 왕의 기름을 부어 주셨습니다. 정말 수고했다고, 지금까지 고생이 너무 많았다고 하시면서 주님이 왕의 기름을 부어 주시는 것입니다.

주님의 기름 부으심

주님이 마치 이렇게 말씀하시는 것 같습니다.

"내가 너를 사랑한다. 앞으로도 너를 지켜주고 인도할 것이다. 뿐만 아니라 너에게 축복을 줄 것이다. 결코 사울에게서 빼앗았던 것처럼 너에게서는 빼앗지 않을 테니 안심하고 나만 잘 섬겨라."

이렇게 주님이 다윗에게 왕의 기름을 부어 주신 것입니다.

다윗은 하나님이 자신의 위대한 목자가 되셔서 자신의 머리에 기름을 부어 주셨다고 고백합니다.

"주께서 내 원수의 목전에서 내게 상을 차려 주시고, 기름을 내 머리에 부으셨으니 내 잔이 넘치나이다."

이 기름 부음을 신약성경은 어떻게 표현하고 있습니까? 요한일서는 이렇게 말씀하고 있습니다.

"너희는 거룩하신 자에게서 기름 부음을 받고 모든 것을 아느니라" (요일 2:20).

"너희는 주께 받은 바 기름 부음이 너희 안에 거하나니 아무도 너희를 가르칠 필요가 없고 오직 그의 기름 부음이 모든 것을 너희에게 가르치며 또 참되고 거짓이 없으니 너희를 가르치신 그대로 주 안에 거하라"(요일 2:27).

오늘을 살아가는 우리도 마찬가지입니다. 우리가 성령 충만을 받아야 우리의 신앙이 회복됩니다. 그리고 우리의 신앙이 영광스럽게 올라갑니다. 그럴 때 자동적으로 우리는 하나님의 VIP가 되며, 승리의 주인공, 축복의 주인공, 그리고 평강의 주인공으로 살아가게 됩니다. 왕 같은 제사장이요, 주님의 택하신 족속이요, 거룩한 제사장 나라로 살아가게 되는 것입니다.

2. 기름 부음 받은 결과는 무엇입니까?

다윗은 서슴없이 고백합니다.

"내 잔이 넘치나이다!"

이것은 양의 입장에서 보면 '물통이 차고 넘친다'는 의미입니다. 만약에 목장 주변에 쉴 만한 물가가 없다면 목자는 물을 우물에서 떠다가 양들로 마시게 해야 합니다. 목자들이 양 물통에 물을 부을 때 양들은 물 냄새를 맡고 흥분하며 좋아합니다.

그래서 '물통이 차고 넘친다'는 말을 고대 근동의 문화에서 "내 잔이 넘치나이다."로 표현한 것입니다. 이것도 양들을 의인화해서 표현한 것입니다.

부지런한 목자는 양들의 물통에 가득가득 채우지만, 삯꾼이나 게을러 터진 목자는 적당하게 채웁니다. 양이 100마리 있다고 할 때, 옛날 목동들이 이들에게 흡족하게 먹이기 위해서 물통이 넘치도록 물을 길어 올리려면 두 시간은 걸렸다고 합니다.

그러나 참된 목자는 힘들지 않습니다. 양들이 맛있게 물을 마시는 모습을 보고 이마에 땀이 흘러도 흐뭇합니다. 그리고 양들도 물통이 차고 넘칠 때, 더없이 행복해 합니다. 그때 양들이 하는 말은 다음과 같습니다. 물론 의인법적인 표현입니다.

"내 잔이 넘치는구나! 내 물통이 넘치는구나! 그러니 어찌 만족하고 행복하지 않을 수 있겠는가?"

성경도 양들에게 물을 길어 나르는 것이 얼마나 중요한 것인가를 말씀하고 있습니다. 창세기 29장에는 라헬이 야곱을 만나기 전에 우물에서 양들에게 물을 퍼주는 모습이 소개되어 있습니다.

> "야곱이 길을 떠나 동방 사람의 땅에 이르러 본즉 들에 우물이 있고 그 곁에 양 세 떼가 누워 있으니 이는 목자들이 그 우물에서 양떼에게 물을 먹임이라 큰 돌로 우물 아귀를 덮었다가 모든 떼가 모이면 그들이 우물 아귀에서 돌을 옮기고 그 양떼에게 물을 먹이고는 우물 아귀 그 자리에 다시 그 돌을 덮더라"(창 29:1-3).

양의 물통

우리는 아브라함의 목자들과 롯의 목자들이 우물 때문에 서로 싸웠음을 알고 있습니다. 누가 물을 많이 길어다가 내 양들에게 물을 많이 줄 것인가를 놓고 싸운 것입니다. 이삭과 블레셋 사람들이 싸웠던 이유도 다 우물 때문입니다. 서로 자기 양들에게 우물물을 흡족하게 퍼주려고 싸웠던 것입니다.

선한 목자와 참 목자는 양의 물통에 물이 가득 차고 넘치도록 부어 줍니다. 이런 목자를 만난 양은 물을 마시면서 이렇게 고백합니다.

"내 잔이 넘치나이다."

어떤 양은 이렇게 고백할지도 모릅니다.

"내 배가 터지나이다."

그러므로 여기에서 "내 잔이 넘치나이다." 라는 말은 자신의 만족감과 행복감을 나타내는 말입니다. 나는 부러울 것이 하나도 없다는 것입니다. 나는 너무 풍요해서 부족함이 없고, 그래서 만족스럽다는 것입니다. 뿐만 아니라 하나님도 나 때문에 너무 행복하고 기쁨이 넘친다는 것입니다.

다윗이 1절에서 "부족함이 없다" 고 했던 것이 소극적인 표현이라면 여기에서 "넘친다" 는 말은 적극적인 표현입니다. 부족함이 없는 차원을 넘어서 넘친다는 것입니다. 이런 모습을 하나님이 보실 때 하나님도 얼마나 행복하고 기쁨이 넘치시겠습니까?

또한 "내 잔이 넘치나이다" 라는 말에는 광야의 삶의 배경에서 이런 의미도 있습니다. 당시 근동 사회에서 나그네는 광야 길을 걷다가 음식과 물이 떨어지면, 언제든지 남의 집에 들어가 요청을 할 수 있었습니다.

그런데 나그네의 잔에 물을 조금만 부어주면 '빨리빨리 이것 마시고 가달라' 는 의미가 됩니다. 그리고 넘치게 채워 주면 그 사람을 환영하고 존중히 여긴다는 의미입니다. 그래서 그 나그네는 정말 환영받고 영광을 받는 사람이 되는 것입니다. "내 잔이 넘치나이다" 는 이런 의미에서 너무나 만족하고 감사하고 행복하다는 말입니다.

또 이런 배경을 생각할 수도 있습니다. 장수들이 전쟁터에 나가서 승리하고 돌아오면, 왕이 승전한 장군에게 잔치를 베풀어 줍니다. 그때 돌아온 장군에게 술을 부어 주는데, 넘치도록 부어 줍니다. 잔이 넘치도록 말입니다.

그때 장군은 너무나 행복해 합니다. 잔을 받고 왕 앞에 고개를 숙이며 "주여! 황공하옵니다. 이제 소자는 죽어도 여한이 없습니다. 소자가 앞으로 폐하를 위해 목숨을 바쳐 충성하겠습니다" 이렇게 고백하는 것입니다.

왕이 잔이 넘치도록 부어 주는 것은 왕의 칭찬입니다.

"당신은 너무나 소중한 장군이고, 나의 심복이오. 얼마나 전쟁터에서 수고가 많았소! 내 그대의 공로를 오래오래 잊지 않으리다. 자! 잔을 받으시오!"

이것은 최고의 행복이며, 만족입니다. 그래서 노래를 부릅니다.

"내 잔이 넘치나이다."

비싼 어주를 넘치게 부어 주는 것은 장군을 잊지 않고, 존중히 여기겠다는 것입니다.

다윗이 그런 인생을 살았습니다. 다윗은 10여 년 이상을 전쟁터에서 살았습니다. 사울에게도 쫓겨 다니면서 많은 고생을 하였습니다. 전쟁을 하면서 안 죽으려고 작전도 세우고, 첩보원도 세우고, 몇백 명의 부하들을 이끌고 조직 생활을 하기도 하였습니다.

그러던 어느 날 사울이 죽고, 자기가 왕이 되는 바람에 헤브론에 올라가게 되었습니다. 하나님이 기름을 부으며 왕으로 세우시는 것입니다.

그때 하나님은 이렇게 위로하셨을 것입니다.

"그동안 수고했다. 그동안 쫓겨 다니면서, 사울과 싸우면서 얼마나 고생이 많았느냐? 내가 너의 목자가 되어서 너를 이렇게 인도했다. 오늘날 내가 너에게 이렇게 기름을 붓지 않느냐? 네 영혼의 잔이 얼마나 넘치느냐? 이제 내가 너를 유대의 왕이 되게 하고, 얼마 지나지 않으면 내가 너를 이스라엘의 왕으로 삼을 것이다. 그리고 근동의 모든 나라를 이기도록 할 것이다. 너의 영혼의 잔이 넘치게 될 것이다. 이제부터는 내가 너를 전무후무한 축복의 왕으로 세울 것이다. 네게 넘치고 넘치게 부어 줄 것이다. 네 영혼의 잔을 이제부터 마음껏 축복할 것이다. 내가 넘치게 부어 줄 테니 너는 잔이 흘러 넘치도록 행복한 삶을 살아라."

그래서 다윗이 시에서 이렇게 표현한 것입니다.

"내 잔이 넘치나이다."

♪ 기름을 머리 위에 바르시는 주님
평생에 선하심과 인자함 따르리니
선한 목자 오 나의 목자여
생수가 넘치는 곳 날 인도하시네

이 사실을 사도 바울은 이렇게 표현하였습니다. 우리를 사랑하시는 예수 그리스도로 말미암아 넉넉히 이긴다고 말입니다.

"그러나 이 모든 일에 우리를 사랑하시는 이로 말미암아 우리가 넉넉히 이기느니라 내가 확신하노니 사망이나 생명이나 천사들이나 권세자들이나 현재 일이나 장래 일이나 능력이나 높음이나 깊음이나 다른 어떤 피조물이라도 우리를 우리 주 그리스도 예수 안에 있는 하나님의 사랑에서 끊을 수 없으리라"(롬 8:37-39).

이 말이 바로 다윗의 표현에 의하면 "내 잔이 넘치나이다" 입니다. 그렇다면 오늘 우리도 얼마나 승승장구하고 복된 삶을 살고 있는지 돌아봐야 합니다. 그런 의미에서 "내 잔이 넘치나이다" 라는 다윗의 말은 한 마디로 다윗이 받은 은혜와 축복이 차고 넘친다는 의미입니다. 감당할 수 없을 정도로 말입니다. 그래서 그의 삶이 만족감과 행복감으로 가득 찬다는 말입니다. 그리하여 다윗은 존귀한 사람이 되었습니다.

우리가 가끔 저수지를 지나가거나 댐을 지나갈 때 물이 말라 있는 것을 보게 됩니다. 평상시에는 물이 가득 찼는데, 가뭄이 들어 물이 줄어 있는 모습을 보면 아쉽고 석연치 않은 마음이 듭니다. 아니, 석연치 않은 마음을 넘어서 비참하고 초라한 마음까지 듭니다. 그러나 비가 와서 댐과 저수지가 흘러넘치고, 댐의 한 쪽 경계선이 철철 넘치는 것을 보면, 내 마음까지 부유해지는 것을 느낍니다. 그때 이런 노래를 부르게 됩니다.

♪ 오~ 주여 채우소서
나의 잔을 높이 듭니다
하늘 양식 내게 내려 주소서
넘치도록 채워 주소서

그러므로 우리는 이렇게 기도해야 합니다.

"주여, 내 잔이 넘치나이다. 내 영혼의 호수가 철철 흘러넘칩니다. 나는 너무너무 행복합니다. 나는 너무너무 만족합니다. 나는 부족한 것이 하나도 없습니다. 축복 받은 사람이 나밖에 없습니다. 나보다 더 축복 받은 자가 없습니다!"

8장

하나님의 선하심과 인자하심

내 평생에 선하심과 인자하심이 반드시 나를 따르리니

내가 여호와의 집에 영원히 살리로다

(시 23:6)

8장 하나님의 선하심과 인자하심

다윗은 "여호와는 나의 목자시니 내게 부족함이 없으리로다" 라는 고백으로 시편 23편을 시작했습니다. 그리고 마지막에는 "내가 여호와의 집에 영원히 살리로다" 라고 끝을 맺었습니다. 그러니까 시편 23편은 결단으로 끝을 맺고 있는 것입니다. 내가 여호와의 집에 영원히 살겠다고 말입니다.

그런데 왜 여호와의 집에 살겠다고 합니까? 그 이유를 6절 상반절에서 이야기하고 있습니다. 하나님은 너무너무 좋으신 분이기 때문이라고 말합니다. 좋으실 뿐만 아니라 인자하신 분이고, 그래서 그 하나님의 좋으심과 인자하심이 평생 자기를 따를 것이기에 자기는 여호와의 집에 영원히 살겠다는 것입니다.

유대인은 미래가 뒤에 있고 과거가 앞에 있다고 생각합니다. 왜냐하면 과거는 항상 알고 있고 미래는 모르기 때문입니다. 그래서 과거가 앞에 있고 미래는 항상 뒤에서 따라온다고 생각했습니다.

그 유대인의 사고방식에 따라서 미래의 사실을 '올 것이니', '있을 것이니' 라는 표현보다 '따르리니……' 라고 표현한 것입니다. 그러니까 미래의 축복이나 미래의 은혜도 따라올 것으로 이야기한 것입니다.

그러면 어떤 차이가 있다는 것입니까? 바로 하나님의 선하심과 인자하심이 따를 것이라는 말입니다. 그래서 여호와의 집에 영원히 살겠다는 것입니다.

선한 목자

다윗은 목동 생활을 해보아서 이 사실을 누구보다 잘 알았습니다. 양들에게 있어서 목자는 무조건 선합니다. 비록 목자가 험한 산꼭대기에 올라가고, 그 길이 아무리 가파르다고 해도 목자는 항상 올바른 길로 인도하고 선한 길로 인도한다는 것을 양들은 믿는 것입니다.

아무리 험악하고 가파른 길이라 해도 그 길을 올라가면 반드시 푸른 초장이 있다는 것을 압니다. 그래서 황량한 사막이나 험한 골짜기를 지나가고 맹수 떼가 우글거리는 사망의 음침한 골짜기를 지나간다 하더라도 양들은 불평할 것도, 두려워할 것도 없습니다.

왜냐하면 목자는 언제나 선하기 때문입니다. 지금까지 단 한 번도 양들에게 해가 되는 길로 인도해 본 적이 없습니다. 이것을 양들은 경험적으로 알고 있습니다.

이 말은 유대 광야에서 양을 친 목자의 경험을 배경으로 한 의인화된 표현이라고 할 수 있습니다. 그래서 이것을 의인법적인 표현으로 양들의 입장에서 말한다면 이런 말이 될 수 있습니다.

"내가 확신하는 것이 하나 있습니다. 정말 내가 100퍼센트 자신있게 말할 수 있는 것이 하나 있습니다. 그것은 우리 목자의 선하심과 인자하심이 평생 우리를 따른다는 것입니다. 그러니 우리는 절대로 두려워하지도 않고, 염려하지도 않을 것입니다. 왜냐하면 앞으로도 목자의 선하심과 인자하심이 언제나 우리를 따를 것이기 때문입니다."

목자의 인자(仁慈)

그런가 하면 양들은 목자의 인자함도 믿습니다. 모든 여자에게는 본능적으로 모성애가 있습니다. 그 모성애가 동물들에게도 있습니다. 목자에게도 이러한 모성애가 있습니다. 목자에게는 본능적으로 양을 사랑하는 인자함이 있습니다. 목동들은 어릴 때부터 그것을 익히고 살아왔습니다. 그것은 자식을 사랑하는 마음과 비슷합니다. 그래서 양이 아프면 기름을 발라서 마사지해 주고, 더위 먹어 헉헉거릴 때면 지팡이와 막대기를 세워 그늘을 만들어 줍니다. 그리고 그늘 아래에서 쉬게 해줍니다.

뿐만 아니라 자기가 먹을 물병에 물을 따라서 마시게 해주고 마사지를 해줍니다. 양들은 이런 것을 경험해 보아서 무조건 목자가 자기를 향하여 인자하다는 것을 압니다. 더구나 양들은 호기심이 많아, 무리에서 이탈하는 경우가 있습니다. 그러면 목자가 막대기로 양들을 살짝 때립니다. 그것마저도 이탈한 양들은 목자의 인자와 사랑으로 생각합니다.

그래도 자꾸 말을 안 듣고 이탈을 하면 아예 몽둥이로 다리를 부러뜨립니다. 그러고는 30kg이 넘는, 냄새 나는 그 양을 목자의 어깨에 메고 갑니다. 가다가 오줌을 쌀 수도 있지만, 그 양을 메고 가파른 길을 올라갑니다. 양들은 심지어 목자가 다리를 부러뜨린다고 해도 그것도 사랑이라고 생각합니다.

양들은 그것을 경험적으로 압니다. 그래서 앞으로도 양들은 확신하는 것입니다. "우리를 인도하는 목자는 무조건 선하고 인자하다. 앞으로 어떤 길로 인도해도 목자는 선하다"라고 말입니다.

심지어는 젖이 아프도록 짜도 목자는 선하다는 것입니다. 목자는 털을 깎을 때도 인정사정없이 깎아 버립니다. 그렇게 털을 깎아 버리면 광야의 햇볕에 얼마나 따갑겠습니까? 그래도 목자는 선하다는 것입니다.

양이 도살당할 때도 그렇습니다. 번제를 위해서든지, 집에 온 귀한 손님을 대접하기 위해서든지, 하나님 앞에 유월절 양으로 죽임을 당하든지 양들은 무조건 목자가 하는 일은 선하다고 생각합니다. 그리고 인자하다는 것입니다. 그것이 양을 향한 목자의 사랑이라고 믿습니다. 그렇게 양들은 확신하고 있습니다.

양들은 본능적으로 그런 생각을 가지고 있습니다. 물론 이것은 의인법적으로 볼 때 그렇다는 것입니다. 다윗은 의인법을 써서 마치 양들이 그렇게 경험해서 확신하는 것처럼 묘사합니다. 그리고 그 양의 경험과 확신을 자신과 하나님과의 관계로 적용하고 고백하고 있습니다. 다윗은 이렇게 고백합니다.

"내 평생에 선하심과 인자하심이 반드시 나를 따르리니"(시 23:6).

이것은 다윗의 고백입니다. 아니, 고백의 차원을 넘어서 마지막으로 다윗이 선포하고 있는 것입니다. 무슨 일이 있어도 나는 하나님을 확신할 뿐만 아니라 다른 모든 사람들에게도 하나님은 선하심과 인자하심을 베푸는 분이라고 선언합니다. 그러므로 이 말씀은 고백의 차원을 넘어서 선포요, 선언의 말씀입니다.

♪ 나는 길 잃은 나그네였네 죄 중에 헤매이는데
사랑의 왕 내 목자 예수 나를 집으로 인도하네
진실로 선함과 그 인자하심이 날마다 함께하시리라
진실로 선함과 그 인자하심이 날마다 함께하시리라
영원토록 주 안에 내가 거하리라
영원토록 주 안에 나 안식하리라
진실로 선함과 그 인자하심이 날마다 함께하시리라

1) 하나님의 선하심

여기서 '선하시다'는 말은 히브리어 '토브'(טוֹב)입니다. '좋으신 하나님'이라는 말입니다. 하나님은 언제나 좋으신 하나님이라는 뜻입니다. 양들에게 있어서 목자가 무조건 선하고 좋은 것처럼 우리 하나님도 무조건 좋다는 것입니다. 목자가 아무리 가파른 길과 절벽으로 이끌어 가도 무조건 그 목자가 선하다고 보는 것입니다.

우리 하나님은 무조건 선하시고 좋다는 것입니다. 양들이 이렇게 100% 목자를 신뢰하고 선한 목자라고 말하는 이유는, 경험적으로 알기 때문입니다. 그리고 그 경험이 축적되다 보니까 본능적으로 느끼는 것입니다. 다윗도 그것을 알았습니다. 자기가 하나님을 따라 보니 하나님은 무조건 선하신 분임을 깨달았습니다.

물론 다윗도 인간인지라 처음에는 사울에게 핍박을 받고 그로부터 도망할 때 원망도 했을 것입니다. 그런데 지내 놓고 보니 우리 하나님은 정말 선하신 하나님이었습니다.

다윗은 많은 고생을 이루 말할 수 없이 했습니다. 왜냐하면 그래야 진짜 성군이 되고 성왕이 될 수 있기 때문입니다. 하나님은 다윗이 사울과 같은 실패한 왕이 되지 않도록 그렇게 고생과 연단의 시간을 주신 것입니다.

십 황무지에서 다윗은 완전히 독 안에 든 쥐가 되었습니다. 블레셋을 물리친 민족의 영웅 다윗을 사울은 잡아 죽이려고 하였습니다. 그런데 십 사람들이 사울을 찾아가서 다윗이 숨어 있는 곳을 고자질해 버립니다.

"그 때에 십 사람들이 기브아에 이르러 사울에게 나아와 이르되 다윗이 우리와 함께 광야 남쪽 하길라 산 수풀 요새에 숨지 아니하였나이까 그러하온즉 왕은 내려오시기를 원하시는 대로 내려오소서 그를 왕의 손에 넘길 것이 우리의 의무니이다 하니"(삼상 23:19-20).

다윗은 아마 십 사람들이 사울에게 일러바쳤을 때 모든 것이 끝났다고 생각했을 것입니다. 그래도 거기서 하나님은 살려주셨습니다. 하나님이 구원하신 것입니다. 다윗은 거기서도 하나님의 선하심을 경험하였습니다.

"우리 하나님은 진짜 선하신 하나님이시구나."

다윗은 시글락에서도 거의 죽게 되었습니다. 자신의 아내와 자녀들이 다 아말렉에게 잡혀 끌려갔습니다. 무슨 소망이 있었겠습니까? 거기서도 다 끝났다고 생각했을 것입니다.

"다윗과 그의 사람들이 성읍에 이르러 본즉 성읍이 불탔고 자기들의 아내와 자녀들이 사로잡혔는지라 다윗과 그와 함께한 백성이 울 기력이 없도록 소리를 높여 울었더라"(삼상 30:3-4).

아내와 자식들마저 아말렉에게 다 잡혀 가고 부하들에게 배신을 당했으니 다윗에게 무슨 소망이 있었겠습니까? 그런데 결국 하나님이 다윗과 함께하셔서, 아말렉을 쳐부수고 다시 자신의 아내와 자녀들을 찾게 해주셨습니다. 뿐만 아니라 부하들이 다윗을 더 존경하게 해주셨습니다.

"다윗이 아말렉 사람들이 빼앗아 갔던 모든 것을 도로 찾고 그의 두 아내를 구원하였고 그들이 약탈하였던 것 곧 무리의 자녀들이나 빼앗겼던 것은 크고 작은 것을 막론하고 아무것도 잃은 것이 없이 모두 다윗이 도로 찾아왔고 다윗이 또 양 떼와 소 떼를 다 되찾았더니 무리가 그 가축들을 앞에 몰고 가며 이르되 이는 다윗의 전리품이라 하였더라"(삼상 30:18-20).

다윗은 과거에 그런 일을 생각할 때마다 하나님이 나의 목자가 되셔서 언제나 선한 길로 인도하셨다고 고백하고 있습니다. 하나님은 언제나 예스였고, 선이었고, 아멘이었고, 할렐루야였고, 영광이었습니다. 하나님에게는 어떤 경우에도 모순이 없었습니다.

그때는 잘못이고 모순인 것처럼 보여도 지내 놓고 보니 절대로 모순이 아니었습니다. 무조건 예스이고 선이고 아멘이고 영광이었습니다. 그래서 사도 바울은 하나님은 합력하여 선을 이루시는 하나님이라고 고백하였습니다.

> "우리가 알거니와 하나님을 사랑하는 자 곧 그의 뜻대로 부르심을 입은 자들에게는 모든 것이 합력하여 선을 이루느니라"(롬 8:28).

그리스도인에게 있어서는 모든 것이 합력하여 선을 이룬다고 했습니다. 모든 것이 옳다는 말입니다. 이것은 이 세상에서의 우리의 성공과 실패, 좌절과 절망, 질병과 눈물 등 모든 것을 다 포함하는 말입니다. 합력한다는 말은 서로 나누지 않는다는 말입니다. 서로 끊어지지 않고, 상호 작용을 한다는 말입니다. 그래서 선을 이룬다는 말입니다.

선을 이루시는 하나님

한마디로 말해서, 끊어 놓고 생각하면 모순처럼 보이고 잘못된 것처럼 보일 수 있지만, 나중에 모으면 모든 것이 올바르게 이루어졌다는 것입니다. 끊어 놓고 생각하면 왜 이런 일이 나에게 생겼는지 원망하고 불평할 수 있습니다. 그런데 나중에 합쳐 놓고 보니, 모든 것이 선을 이루었다는 것입니다.

예를 들어, 사건을 끊어 놓고 생각해 볼 때 요셉의 인생은 얼마나 모순적입니까? 하나님이 요셉에게 곡식 단이 절을 하고, 하늘의 별들이 절을 하는 꿈을 주셨습니다. 그런데 그 꿈 때문에 형제들에게 미움을 받고 결국 구덩이에 던져지는 고난을 받습니다. 완전히 요셉은 절망의 구렁텅이에 던져진 것입니다.

그리고 아라비아 상인에게 팔려 갔습니다. 그는 보디발의 집에서 노예이지만 기반을 잡아서 고참이 됩니다. 신분은 노예이지만 그래도 고참 노예가 된 것입니다. 그런데 왜 보디발의 아내에게 유혹을 받아 감옥에 던져졌느냐 이 말입니다. 깨끗하게 살고 순결하게 살려고 했는데 말입니다.

요셉은 이것만 보아도 이미 끝난 것입니다. 사형 날짜만 기다리는 노예가 되었습니다. 주인의 부인을 넘보다가 강간 미수로 들어갔으니, 당시 법으로 보면 무조건 사형입니다. 요셉이 얼마나 절망했겠습니까? 그래도 다행히 거기서 바로 왕의 술 맡은 비서와 떡 굽는 비서를 만납니다. 그래서 자기의 억울함을 해소할 수 있는 기회를 잡습니다. 그런데도 술 맡은 비서는 연락이 없습니다.

이 모든 것을 끊어 놓고 생각하면 얼마나 모순적이고 절망적입니까? 그러나 어느 날 바로 왕이 해괴하고 괴상한 꿈을 꾸지 않습니까? 그 일을 계기로 요셉은 바로 왕 앞에 서게 되고, 꿈 해몽을 잘해서 애굽의 총리대신이 됩니다. 이것을 합쳐 놓고 보니, 모든 것이 합력하여 선을 이루어 가는 것입니다.

♪ 지나온 모든 세월들 돌아보아도
그 어느 것 하나 주의 손길 안 미친 곳 전혀 없네
오 신실하신 주 오 신실하신 주
내 너를 떠나지도 않으리라 내 너를 버리지도 않으리라
약속하셨던 주님 그 약속을 지키사
이후로도 영원토록 나를 지키시리라 확신하네

저는 공부를 웬만큼 해서 명문 고등학교에 들어갔습니다. 그런데 노는 데도 일가견이 있었습니다. 더구나 그때 교회 다니는 데 미쳐서 공부를 조금 등한히 했습니다. 그런데 하나님은 서울에 유수한 대학이 많이 있는데도 저를 광주로 보내셨습니다. 그때 광주신학교는 인가도 안 났습니다.

그런데 지내 놓고 보니까 거기서 저의 장모 되시는 정 권사님을 만났습니다. 정 권사님은 저의 은인입니다. 제가 제 아내만 좋아해서 아내하고만 목회했다면 이렇게 큰 목회는 못했을 것입니다. 제 아내하고 싸우다가는 힘에 부쳐서, 오매불망 목회에만 전념하지 못했을 것입니다.

저도 사람이고 남자인데 아내가 힘들게 하면, 지금도 목회 중심보다 가정 중심, 자녀 중심으로 살고 싶은 생각이 듭니다. 그러나 만약 그렇게 살았으면 어떻게 이런 큰 목회를 할 수 있었겠습니까? 물론 아내 말도 틀린 말은 아닙니다. 그런데 장모 되시는 정 권사님께서 옆에서 다 막아 주시는 것입니다.

"배 사모야! 사모는 주의 종을 하나님께 항상 바치며 살아야 한다. 그리고 소 목사님은 오매불망 하나님만 바라보고, 죽으면 죽으리라는 심정으로 목회에만 전념하세요."

그러면 제 아내는 정 권사님이 밉지만 친어머니인데 어쩌겠습니까? 그래서 순종하며 여기까지 온 것입니다. 제 아내도 이것을 인정합니다. 우리 목사님이 젊은 날 목숨 걸고 목양 일념으로 노력했고, 하나님이 그 위에 축복과 은혜를 주셔서 오늘의 교회를 이루었다고 말입니다. 그러므로 여기까지 오는 데 중요한 역할을 한 사람이 바로 우리 정 권사님이었습니다.

제가 신학교를 광주로 갔기 때문에 하나님 다음으로 중요한 정 권사님을 만나게 된 것입니다. 또 광주에서 문 장로님과 김 권사님을 만났습니다. 그분들이 가락동에서 구미동으로 올 때 정말 큰 힘이 되었습니다. 사람이 고개턱에서 리어카를 끌고 올라갈 때, 뒤에서 누가 조금만 밀어줘도 얼마나 큰 힘이 되는지 모릅니다. 그런데 이분들은 뒤에서 밀어주는 것만이 아니라, 앞에서도 끌어주었습니다.

신실하게 인도하신 하나님

그뿐입니까? 저는 광주에서 정말 고생을 많이 했습니다. 다윗이 유다 광야에서 연단을 받고 왕이 되었다면, 저는 광주라고 하는 광야에서 연단을 받고 오늘의 목회자가 되었습니다. 그러니까 지나온 시간을 끊어 놓고 볼 때는 모순처럼 보이지만 합쳐 놓고 보면 모든 것이 합력하여 선을 이루었던 것입니다.

저도 바울처럼 다윗처럼 모든 것이 합력하여 선을 이루었습니다. 지내 놓고 보면 모든 것이 예스이고 아멘이고 할렐루야이고 영광이었습니다. 바로 다윗이 이런 고백을 하고 있는 것입니다. 그러므로 다윗의 고백이 우리의 고백이 되기를 바랍니다. 언제나 하나님은 선하신 하나님임을 무조건 믿으시기 바랍니다.

♪ 좋으신 하나님 좋으신 하나님 참 좋으신 나의 하나님
한없는 사랑을 우리게 주시는 참 좋으신 나의 하나님

이렇게 좋으신 하나님을 고백하고 찬양하기 위해서는 하나님의 선하심을 경험하고 맛보아야 합니다. 다윗은 "너희는 하나님의 선하심을 맛보아 알지어다!" 라고 했습니다.

"너희는 여호와의 선하심을 맛보아 알지어다 그에게 피하는 자는 복이 있도다"(시 34:8).

이렇게 시편 34편에서 노래한 다윗은 죽기 전에 솔로몬에게 유언을 남겼습니다.

"내 아들 솔로몬아 너는 네 아버지의 하나님을 알고"(대상 28:9).

여기 '알다' 라는 말은 히브리어 '야다' 라는 말입니다. '야다'(ידע)는 체험(경험)적인 앎을 말합니다. 즉 아내와 남편의 깊은 앎을 의미합니다. 다윗은 솔로몬에게 "하나님을 만나 그를 경험적으로 알았을 때 하나님이 네 인생을 책임져 주실 것이다" 라고 말한 것입니다.

그런데 그 하나님이 어떤 하나님이냐 하면 선하신 하나님이라는 말입니다. 그 선하신 하나님을 만나고, 경험하고 체험하라는 말입니

다. 다시 말해 하나님의 선하심과 인자하심을 알고 체험하라는 말입니다.

왜 하나님을 알고 맛보아야 합니까? 우리가 하나님의 선하심을 경험하고 맛보는 일이 반복되면 우리도 모르게 본능적으로 하나님의 선하심을 찬양하게 됩니다. 조건반사의 법칙처럼 무슨 일을 당해도 "아, 하나님은 선하시다. 하나님은 잘못이 없다. 하나님은 틀리지 않는다. 하나님은 모순이 없다"라고 고백하게 되는 것입니다.

하나님을 향한 무조건적 신뢰

욥은 가진 것을 다 잃고도 하나님을 찬양했습니다. 욥은 하루아침에 재산을 다 잃고, 자식들도 다 죽고 부인까지 도망갔어도 "하나님은 틀리지 않았다. 여전히 하나님은 선이시다. 여전히 하나님은 좋으신 분이다!" 하고 하나님을 찬양했습니다.

아브라함도 마찬가지입니다. 하나님이 25년 동안 기다리라고 해서 얻었던 아들을 또 모리아 산에서 바치라고 하십니다. 구속의 기업을 이어가고 하나님의 약속을 이루기 위한 그 하나님의 아들을 번제로 바치라고 하시는 것입니다.

그런데 아브라함은 아무런 말 한 마디 없이 순종합니다. 하나님의 선하심을 믿었기 때문입니다. 아브라함은 이렇게 독백으로 외쳤을 것입니다.

"하나님은 지금까지 한 번도 모순된 적이 없으셨다. 지금까지 하나님은 무조건 선이셨다. 하나님은 모든 것을 선으로 인도하셨다. 그러므로 지금까지도 선이신 하나님은 이번에도 선이 되실 것이다.

이 일도 반드시 하나님의 선하신 역사로 종결될 것이다."

아마 이런 독백을 하면서 모리아 산에 갔을 것입니다. 그래서 지내 놓고 보니 결국은 하나님이 선이고, 할렐루야이고, 영광이고, 축복인 것입니다. 그 일도 하나님의 인도하심으로 자손 만대의 축복으로 끝났습니다.

하나님은 오늘도 우리의 선입니다. 그리고 앞으로도 끝없이 우리를 선으로 인도하실 것입니다. 목자들이 양들에게 무조건 선인 것처럼 하나님은 우리를 무조건 선의 길로 인도하십니다. 그러므로 이 선하신 하나님을 많이 맛보고 경험하고 체험해야 합니다.

♪ 내가 이 세상 살아갈 동안 주 내 곁에 함께하사
늘 보호해 주시는 예수 나를 안전케 하시리라
진실로 선함과 그 인자하심이 날마다 함께하시리라
진실로 선함과 그 인자하심이 날마다 함께하시리라
영원토록 주 안에 내가 거하리라
영원토록 주 안에 나 안식하리라
진실로 선함과 그 인자하심이 날마다 함께하시리라
날마다 함께하시리라

2) 하나님의 인자하심

여기서 '인자하심' 이라는 말은 히브리어로 '헤세드' (חסד)라는 말입니다. 헤세드를 영어에서는 'faithful love' (신실한 사랑), 'mercy' (자비)로 번역됩니다. 이 말은 사실 우리말로도 그렇고 영어로도 그렇지만 온전하게 번역이 잘 안 되는 말입니다. 구태여 설명을 한다면, 이렇습니다.

① 무조건적이며 자발적인 사랑
② 변함없는 언약적인 사랑
③ 포기하지 않는 무궁한 사랑

목자들은 본능적으로 양을 보면 사랑스럽고, 불쌍히 여겨지며, 보호해 주고 싶은 마음이 듭니다. 양에게 더 잘해 주고 싶고, 목숨 걸고 지켜 주고 싶은 이런 조건 없는 사랑을 목자는 하는 것입니다. 그것이 양들에게 있어서는 목자의 '헤세드' 입니다.

애완용 개들을 비위생적이라고 생각하고, 그 냄새를 역겨워하는 사람은 동물병원을 운영할 수 없을 것입니다. 저희 교회의 어느 집사님이 수의학과를 나왔습니다. 그런데 갑자기 개 냄새가 싫어졌습니다. 그래서 동물병원을 안 합니다. 그런데 이분이 또 스케일이 커서, 부동산을 해서 한몫 벌어 보려고 하는 것입니다. 그래서 제가 심방 갈 때마다 이렇게 말씀드렸습니다.

"집사님, 그냥 동물병원 하세요. 아니, 수의사가 개를 사랑해야지, 땅 사랑만 하면 되겠습니까?"

그런데도 몇 년 동안 하고 있다가 요즘 부동산이 침체기여서 결국 동물병원을 개원했습니다. 동물병원을 개원하니까 동물을 더 사랑하게 되었습니다. 개 사랑, 고양이 사랑을 하는 것입니다. 이것이 헤세드입니다.

개를 사랑하는데 개 냄새가 난다고 싫어하겠습니까? 병든 개가 오면 그 개가 예뻐야 합니다. 진돗개도 예뻐하고, 애완용 개도 예뻐하고, 개만 오면 예뻐야 됩니다. 이것이 동물병원 수의사의 헤세드라는 말입니다.

이스라엘 백성들은 이 '헤세드' 를 '하나님의 긍휼' 로 이해합니다. '긍휼' 이란 말은 히브리어로 '라함' (רחם)이라는 말인데, '레헴' 에서 나왔습니다. 레헴은 여자의 자궁을 의미합니다.

하나님의 헤세드

성경은 하나님의 긍휼이나 사랑이나 동정심을 이야기할 때 언제나 우리로 하여금 어머니의 자궁을 연상하도록 했습니다. 그러면 긍휼과 여자의 자궁과는 어떤 상관관계가 있을까요? 여자의 자궁은 남편의 귀한 생명의 씨를 받아서 아기를 임신합니다. 그리고 임신한 태중의 아기씨를 탯줄을 통하여 양육합니다. 자궁은 아기씨에게 필요한 모든 영양분을 공급해 주고, 따뜻하게 보살펴 주며, 모든 사랑을 아낌없이 부어 주는 가장 귀한 신체 기관입니다.

자궁은 무조건적으로 태중의 아기를 불쌍히 여겨 주고 긍휼히 여겨 줍니다. 필요한 영양분을 다 공급해 주고 아낌없는 사랑과 희생을 주어 아기가 잘 자라게 합니다. 하나님은 바로 이 신비스런 자궁을 어머니에게만 주셨습니다. 따라서 이 자궁을 소유한 여성이라면 누구나 부드러움과 따뜻함과 보살핌의 본능을 가지고 있습니다.

어쩌면 자궁은 사랑의 상징이라고 할 수 있고, 희생의 상징이라고 할 수 있으며, 곧 어머니 자신의 상징이라고도 할 수 있습니다.

다시 말하면 자궁을 소유한 모든 여성은 선천적으로 자녀를 잉태하고 키우는 어머니의 모성애를 갖고 있다는 말입니다. 그리고 이 여성의 모성애가 바로 긍휼이나 동정심을 대표합니다. 결국 자궁을 외적으로 표현한 것이 무엇입니까? 모성애가 아닙니까? 그래서 내가 모르는 사이에도 아기는 영양분을 끊임없이 빼앗아 먹습니다. 그리고 아기를 낳아서도 엄마는 무조건적으로 아기를 사랑하는 것입니다.

여자는 약해도 어머니는 강하다고 했습니다. 어머니에게는 모성애가 있기 때문입니다.

자궁에 이어 어머니에게 또 하나 사랑의 기관이 있다면 그것은 따뜻한 가슴입니다. 그런 의미에서 유대인 심리학자인 에리히 프롬은 어머니의 가슴을 가나안 땅과 같다고 했습니다.

가나안 땅에는 무엇이 있습니까? 성경은 가나안 땅을 젖과 꿀이 흐르는 땅이라고 했습니다. 어머니의 따뜻한 가슴 속에는 젖과 꿀이 있지 않습니까?

젖은 무엇입니까? 어린아이에게 생명을 공급하는 양식입니다. 어머니는 이 젖을 먹이며 자식을 키웁니다. 어머니의 사랑은 자궁의 사랑으로만 끝나지 않고 젖을 물리며 젖을 먹이는 부드러운 가슴의 사랑으로 자식을 키우는 것입니다.

그렇다면 꿀은 무엇입니까? 그것은 따뜻한 어머니의 마음, 정서, 행복감을 자녀에게 공급해 주는 달콤한 사랑입니다. 사랑하는 자녀에게 언제까지 젖을 물릴 수는 없습니다. 어머니가 젖을 떼었다면 이제는 따뜻하고 달콤한 꿀을 먹이며 키워야 합니다. 어머니의 따뜻한 사랑과 격려를 자녀의 가슴속에 공급해 주어야 합니다. 이처럼 어머니들도 모성애를 통해 끝없는 자비와 긍휼, 인애를 베풀어 줍니다. 이것이 어머니의 헤세드입니다.

바로 이런 것이 인간의 헤세드라는 말입니다. 인간의 헤세드는 한

없는 인애나 자비나 동정심, 연민, 긍휼을 말합니다. 그러나 인간의 인애는 완전하고 영원할 수가 없습니다. 왜냐하면 어떤 여자는 아기를 낳아 고아원에, 아니면 경찰서에 맡겨 놓고 도망가기도 합니다. 모성애보다는 마귀의 본능인 미친 마성애가 발동해서 그렇습니다.

인간은 아무리 사랑해도 끝까지 지켜줄 수 없습니다. 교통사고가 나서 죽을 수도 있고, 영원할 수 없는 것입니다.

"전설의 고향"을 보면 이런 이야기가 있습니다. 아이를 남겨두고 엄마가 죽었습니다. 그 엄마는 고스트 맘마가 되는 것입니다. 그 고스트 맘마가 아이를 사랑해서 슈퍼마켓에 갑니다. "아저씨, 우유 주세요!"라고 말합니다. 그런데 그 여자가 가고 나서 나중에 보니까 돈이 아니라 나무 잎사귀였습니다. 나중에 어디에 있습니까? 죽은 어머니의 무덤 앞에 아이가 있는 것입니다. 물론 이것은 한여름에 더위를 물리치라고 "전설의 고향"에서 그냥 지어낸 이야기입니다.

그러나 이러한 인간의 헤세드와는 달리 우리 하나님의 인애와 인자하심은 완전하고 영원합니다. 우리를 보면 무조건적인 사랑을 베푸시는 것입니다. 항상 무언가를 주고 싶고, 너무나 우리가 사랑스럽고 불쌍한 마음이 드는 것입니다. 우리를 잠잠하게도 사랑하고, 소리를 지르며 기뻐 감격하면서 사랑하기도 하십니다. 그래서 스바냐 선지자는 이렇게 표현하고 있습니다.

"너의 하나님 여호와가 너의 가운데에 계시니 그는 구원을 베푸실 전능자이시라 그가 너로 말미암아 기쁨을 이기지 못하시며 너를 잠잠히 사랑하시며 너로 말미암아 즐거이 부르며 기뻐하시리라 하리라"(습 3:17).

손자나 손녀가 얼마나 예쁩니까? 눈만 마주쳐도 사랑스럽고 손자를 위해서 다 주고 싶습니다. 우리 하나님이 우리를 이렇게 예뻐하신다는 말입니다. 잠잠히 사랑하시고 즐거이 부르며 사랑하기도 하십니다. 이것이 하나님의 인자하심입니다.

♪ 너의 하나님 여호와가 너의 가운데 계시니
그는 구원을 베푸실 전능자 전능자시라
그가 너로 인하여 기쁨을 이기지 못하시며
너를 잠잠히 사랑하시며
즐거이 부르며 기뻐 기뻐하시리라

이 무조건적으로 베풀고 싶은 헤세드의 절정이 바로 예수 그리스도를 통해서 나타난 것입니다. 하나님이 우리를 무척 사랑하고 긍휼히 여기고 불쌍히 여기셔서, 하나밖에 없는 독생자를 보내 주셨습니다. 그리고 십자가에 죽게 하셨습니다.

요한복음 3장 16절에 이렇게 말씀합니다.

"하나님이 세상을 이처럼 사랑하사 독생자를 주셨으니 이는 그를 믿는 자마다 멸망하지 않고 영생을 얻게 하려 하심이라"(요 3:16).

하나님이 우리를 얼마나 사랑하십니까? 우리가 멸망당하고 지옥 가는 것을 볼 수 없어서, 우리를 위해 독생자를 보내 십자가에 죽게 하셨습니다. 이것이 하나님의 헤세드, 인자하심입니다.

이렇게 하나밖에 없는 독생자를 주신 하나님이 우리에게 무엇을 못 주시겠습니까? 아들을 아끼지 않고 주신 이가 우리에게 무엇을 못 주시겠습니까? 그래서 바울은 이렇게 말합니다.

> "자기 아들을 아끼지 아니하시고 우리 모든 사람을 위하여 내주신 이가 어찌 그 아들과 함께 모든 것을 우리에게 주시지 아니하겠느냐" (롬 8:32).

하나님은 그 인자하심의 성품 안에서 우리에게 모든 것을 다 주고 싶어하십니다. 그 하나님의 인애의 성품은 당신의 독생자 예수 그리스도까지 십자가에 못 박으셨습니다. 독생자를 주었는데 무엇을 못 주시겠습니까? 구하면 천하를 다 주실 것입니다.

그런데 하나님이 두려워하시는 것이 있습니다. 교만하다 망하는 것입니다. 로드십 신앙, 신정주의 신앙을 버리고 완전히 망하는 것입니다. 그뿐만 아니라 하나님을 떠나 자기 멋대로 사는 것입니다.

그래서 하나님은 우리에게 화통하게 다 주시는 것이 아니라 조금씩 주십니다. 한번에 다 주면 교만해질 것 같아서, 복을 주실 때도 시험을 하고 나서 조금씩 주십니다. 그것도 우리를 향한 하나님의 '헤세드' 입니다. 그러므로 하나님의 무조건적인 사랑은 완전한 사랑입니다.

영원한 사랑

하나님의 사랑은 영원합니다. 사람은 마음이 좋고 사랑의 본심이 가득해도 어느 순간 마음이 변할 수 있습니다. 그렇기 때문에 부부간에도 약속을 하고 언약을 하는 것입니다. 부모 자식 간에도 약속을 합니다.

부모도 재산이 많으면 공증을 해둡니다. 큰애한테는 얼마를 주고, 작은애한테는 얼마를 주겠다는 공증을 합니다. 말로는 안 되기 때문입니다. 그래서 부모님이 돌아가시면 나중에 공증을 한 대로 나눕니다. 이것이 인간 세상입니다.

그러나 하나님의 성품은 영원하고, 절대로 변함이 없습니다. 그래도 하나님은 이해를 시켜 주시기 위해서 언약적인 사랑으로 설명을 합니다. 그래서 하나님께서 우리와의 영원하고 불변한 은혜 언약을 세우시지 않았습니까? 성경을 보면 이런 표현이 있습니다.

> "에브라임이여 내가 어찌 너를 놓겠느냐 이스라엘이여 내가 어찌 너를 버리겠느냐 내가 어찌 너를 아드마같이 놓겠느냐 어찌 너를 스보임같이 두겠느냐 내 마음이 내 속에서 돌이키어 나의 긍휼이 온전히 불붙듯 하도다"(호 11:8).

> "내가 너희에게 분부한 모든 것을 가르쳐 지키게 하라 볼지어다 내가 세상 끝 날까지 너희와 항상 함께 있으리라 하시니라"(마 28:20).

하나님의 헤세드가 언약적 사랑으로 나타난 것입니다. 바로 이 하나님의 언약 때문에 우리가 버림받지 않고 사는 것입니다. 하나님의 헤세드 때문에 하나님의 사랑 속에 거하고 주님의 신실함 속에 살고 있습니다. 그리고 이 불변하는 언약의 신실함을 붙잡고 우리는 변함없이 흔들리지 않고 신앙생활을 할 수 있는 것입니다. 그러니 이 헤세드가 얼마나 중요합니까?

♪ 내 주와 맺은 언약은 영 불변하시니
그 나라 가기까지는 늘 보호하시네
주님을 찬송하면서 할렐루야 할렐루야
내 앞길 멀고 험해도 나 주님만 따라가리

하나님의 헤세드는 무궁한 사랑이요 변함없는 사랑입니다. 우리 인간은 죽을 수도 있고, 변할 수도 있지만 하나님의 사랑은 변할 수도 없고 죽지도 않습니다. 고대 근동의 여러 잡신들처럼 자식 낳고 세월이 흐르면 늙고 죽는 그런 하나님이 아닙니다. 영원하신 하나님이고, 영원 자존하신 하나님입니다.

사람은 영원할 수 없지만 우리 주님의 사랑은 우리가 이 땅에 살아있을 때뿐만 아니라 천국에 갔을 때도 영원합니다. 그래서 다윗은 헤세드를 이렇게 노래합니다.

"내 미래에 무슨 일이 있을지 모른다. 무슨 일이 닥칠지 모른다. 내 미래의 길이 형통할지도 모른다. 실패의 길일지, 또 성공의 길일지도 모른다. 그러나 분명하게 확신하는 것은 언제나 하나님은 선하신 하나님이라는 것이다. 하나님은 언제나 무슨 일을 당해도 선한 길로 인도하신다. 그리고 무슨 일을 당한다고 해도 하나님의 인자하심이 나와 함께할 것이다. 하나님의 헤세드가 나와 함께하고 나를 떠나지 것이다."

우리도 우리의 미래를 알지 못합니다. 우리 미래에 무슨 일이 있을지 모릅니다. 내가 슬픈 일을 당할지, 기쁜 일을 당할지, 또 내 앞길에 험악한 일이 있을지, 평탄한 길일지 모릅니다. 누가 내 미래를 알겠습니까? 내 가정에 무슨 일이 있을지, 내 사업장에 무슨 일이 있을지 진짜 모릅니다.

그러나 다윗처럼 한 가지 확신하는 것이 있습니다. 하나님의 선하심과 인자하심이 반드시 나를 따른다는 것입니다. 이것을 우리가 확신해야 합니다.

양들도 목자를 100% 따르고 신뢰합니다. 의인법적인 표현이지만 양들도 무조건 선하신 목자를 의지합니다. 그렇다면 우리는 하나님을 무조건 신뢰하고 믿어야 합니다.

앞으로 무슨 일이 있어도 우리 앞길을 하나님이 선하게 인도하신다는 사실, 그리고 하나님의 인자하심이 나와 함께한다는 사실을 무조건 믿어야 합니다. 그럴 때 두려움이 없습니다. 미래에 대한 불안과 염려가 없습니다.

요즘 시대를 '불확실성의 시대' 라고 합니다. 한 치 앞을 알지 못합니다. 특별히 정치하는 사람은 더 그렇습니다. 그래서 오늘 현대인들이 얼마나 미래에 대한 불안과 두려움을 갖고 삽니까?

두려움 없는 사랑

그러나 우리는 전혀 두려움이 없습니다. 오늘도 하나님의 지팡이와 막대기가 나를 안위해 줄 뿐만 아니라 미래에도 무조건적으로 나를 인도해 주시기 때문입니다. 그저 우리는 평안하고 행복하고 기뻐할 뿐입니다. 오직 하나님을 찬양하며 노래할 뿐입니다. 얼마나 은혜로운 말씀입니까? 얼마나 우리의 가슴이 감동할 기쁨과 평안과 행복을 주는 말씀입니까?

"주여, 저의 평생에 반드시 주의 선하심과 인자하심이 따르기를 원합니다. 언제나 선이요, 형통의 길로 저의 미래를 인도해 주옵소서. 끝까지 저를 사랑하여 주옵소서."

♪ 내일 일은 난 몰라요 하루하루 살아요
불행이나 요행함도 내 뜻대로 못해요
험한 이 길 가고 가도 끝은 없고 곤해요
주님 예수 팔 내미사 내 손 잡아 주소서
내일 일은 난 몰라요 장래 일도 몰라요
아버지여 날 붙드사 평탄한 길 주옵소서

♪ 아 하나님의 은혜로 이 쓸데없는 자
왜 구속하여 주는지 난 알 수 없도다
내가 믿고 또 의지함은 내 모든 형편 잘 아는 주님
늘 돌보아 주실 것을 나는 확실히 아네

9장
여호와의 집에 영원히 거함

내 평생에 선하심과 인자하심이 반드시 나를 따르리니

내가 여호와의 집에 영원히 살리로다

(시 23:6)

9장 여호와의 집에 영원히 거함

다윗은 하나님의 선하심과 인자하심을 노래했습니다. 사실 그는 자기 자신이 걷게 될 미래의 길이 어떤 길인지 알 수 없었습니다. 그러나 하나님이 자신을 반드시 선한 길로 인도하시고, 또 하나님의 헤세드의 인자함으로 인도하실 것을 확신했습니다.

다윗은 자신의 앞길에 무슨 일이 닥칠지 몰랐지만, 그 순간에도 하나님이 선으로 역사하실 것을 노래했습니다. 뿐만 아니라 하나님이 언제나 자신을 사랑하시고 자신에게 인애를 베풀어 주실 것이라는 믿음으로 노래했습니다. 그러고 나서 다윗은 마지막 결론을 선포합니다.

"내가 여호와의 집에 영원히 살리로다."

이것 역시 유대 광야에서의 목자와 양을 배경으로 해서 표현한 말입니다.

이스라엘과 고대 근동의 모든 목자들이 즐겨 부르는 노래가 있습니다. 바로 "인생은 나그넷길" 이라는 노래입니다.

앞에서 기술한 대로, 유대 광야는 4월 중순이 지나면 풀이 마르기 시작합니다. 그래서 5월부터는 목자들이 짐을 싸서 저 멀리 유대 광야의 다른 곳으로 가야 합니다. 특별히 광야의 북쪽, 그늘이 있는 응달진 높은 계곡으로 가야 합니다. 거기에 푸른 초장이 있기 때문입니다.

나그네 인생

그곳에 가서도 목자들은 광야의 이곳저곳으로 옮겨 다녀야 합니다. 임시 양 우리를 만들어 놓고 여기저기로 옮겨 다녀야 합니다. 그렇게 서너 달, 아니면 네댓 달을 광야에서 생활하다 다시 집으로 돌아옵니다. 그러면서 이스라엘 목동들이 '인생은 나그넷길' 이라고 고백하는 것입니다.

사실 그들의 집은 우리가 살고 있는 집처럼 벽돌이나 목재로 잘 지은 집이 아니라, 대부분 장막집입니다. 왜냐하면 목자들의 집은 푸른 초장을 찾아서 언제든지 옮겨다녀야 하기 때문에 철거하기가 쉬운 집이어야 합니다. 어느 한 곳에 정착할 수 없는 처지이기 때문입니다.

아브라함도 유목민이었습니다. 이사를 많이 다녀야 했으므로 자기 삶을 두고 나그네 인생이라고 했습니다.

"나는 당신들 중에 나그네요 거류하는 자이니"(창 23:4).

야곱도 유목민이었습니다. 그래서 그가 바로 왕 앞에 섰을 때 자신의 인생을 나그네 인생이라고 말하였습니다.

"야곱이 바로에게 아뢰되 내 나그넷길의 세월이 백삼십 년이니이다 내 나이가 얼마 못 되니 우리 조상의 나그넷길의 연조에 미치지 못하나 험악한 세월을 보내었나이다 하고"(창 47:9).

이처럼 유목민은 나그네 인생을 삽니다. 물론 장막집이 있긴 하지만 언제 또 떠나야 할지 모르는 나그네의 삶을 사는 것입니다. 그래서 목자들이 집으로 돌아올 때면 자기 인생이야말로 나그네 인생임을 생각하고 이 노래를 부르며 온다는 것입니다.

다윗은 그 누구 못지않게 그러한 목동 생활을 경험했습니다. 다윗도 목동으로 있을 때 5월이 되면 저 멀리 유대 광야로 양을 치러 갔다가, 우기가 되면 다시 집으로 돌아왔습니다. 그때 그도 역시 인생은 나그넷길과 같다고 느꼈을 것입니다. 그래서 다윗이 인생 말년에 이렇게 노래하지 않았습니까?

"우리는 우리 조상들과 같이 주님 앞에서 이방 나그네와 거류민들이라 세상에 있는 날이 그림자 같아서 희망이 없나이다"(대상 29:15).

우리 인생은 오늘도 나그넷길을 걸어가고 있습니다. 그러고 보면 인생이 얼마나 유한하고 허무한지 알 수 없습니다. 그래서 우리는 특별히 최희준이라는 가수가 불렀던 "하숙생"이라는 노래를 들을 때마다 우리 인생의 덧없음에 눈물 지으며 공감하게 됩니다.

♪ 인생은 나그넷길
어디서 왔다가 어디로 가는가
구름이 흘러가듯 떠돌다 가는 길에
정일랑 두지 말자 미련일랑 두지 말자
인생은 나그넷길 구름이 흘러가듯
정처없이 흘러서 간다

인생은 벌거숭이
빈손으로 왔다가 빈손으로 가는가
강물이 흘러가듯 여울져 가는 길에
정일랑 두지 말자 미련일랑 두지 말자
인생은 벌거숭이 강물이 흘러가듯
소리없이 흘러서 간다

이 노래는 우리를 진지하게 만들고, 생각하게 만듭니다. 제아무리 똑똑한 영웅이라 하더라도 이 노래를 들으면 숙연해지고 겸손해지게 마련입니다.

아무튼 5월부터 양은 유대 광야에서 4-5개월 동안 목자 덕에 배부르게 풀을 뜯고 맑은 물을 마십니다. 다시 말해, 목자는 양들을 위해 뙤약볕이 내리쬐고 풀 한 포기 찾아볼 수 없는 곳을 떠나, 유대 광야 북쪽의 응달지고 비탈진 곳, 푸른 초장이 있는 곳으로 양들을 인도하는 것입니다. 그래서 양들은 굶어 죽지 않고, 쉴 만한 물가에서 물을 마시면서 삽니다. 양들은 너무나 행복한 삶을 사는 것입니다. 그러다 이제 우기가 되면 다시 집으로 돌아옵니다.

목자와 함께

그때 양들이 목자의 뒤를 따르면서 목자에게 이런 고백을 합니다. 물론 이것도 의인화된 표현입니다.

"목자님, 나의 목자님! 저는 너무너무 목자님이 좋습니다. 당신 같은 목자를 만나서 무척 행복합니다. 그래서 이제 저는 목자님만 따르겠습니다. 그리고 절대 다른 곳으로 이탈하지 않고 목자님 곁에서 살겠습니다. 저는 목자님이 만들어 주신 우리가 너무 좋습니다.

양의 우리

목자님의 우리로만 만족하겠습니다. 그래서 목자님 곁에서 영원히 살겠습니다."

양들이 이런 고백을 하며 집으로 돌아온다는 것입니다. 그리고는 집에 있는 양의 우리에 거합니다.

물론 양들이 집으로 올 때만 이런 고백을 하는 것이 아닙니다. 유대 광야에서 풀을 뜯다가 그들의 임시 우리로 돌아올 때도 이같은 고백을 합니다.

"목자님, 세상에 무슨 은혜, 무슨 축복으로 당신 같은 목자를 만날 수 있단 말입니까? 오늘도 당신 때문에 행복한 하루였습니다. 너무나 만족스러운 하루였습니다. 이 모든 행복과 만족은 당신 때문입니다. 당신을 사랑합니다. 당신을 존경합니다. 그러니 언제나 저는 당신만 따르겠습니다. 그리고 당신이 만들어 놓은 이 우리 안에서 행복하게 안식하며 살겠습니다."

물론 이것은 어디까지나 의인화된 표현입니다. 그런데 이 표현을 통해서, 즉 다윗은 양들의 마음을 자신의 마음으로 표현해서 하나님 앞에 고백하고 선포하고 있는 것입니다. 다윗이 지내 놓고 보니 목자 되신 하나님이 너무 좋습니다. 그래서 하나님을 선하신 하나님, 인자하신 하나님으로 노래한 것입니다.

다윗이 마지막으로 고백합니다.

"내가 여호와의 집에 영원히 살 것입니다."

하나님이 너무 좋으니까 하나님의 집조차 사랑스러웠습니다. 옛말에 아내가 좋으면 처가의 말뚝에도 절을 한다고 했습니다. 마누라가 좋으면 처가가 좋고, 처가가 좋으면 처가 쇠말뚝에도 절을 한다는 것입니다.

옛날에 숙명여대 앞에서 풀빵 장사를 하던 남자가 있었습니다. 그런데 자기 눈에 한 여학생이 계속 들어오는 것입니다. 그 여학생을 흠모하여 결국 결혼을 하게 되었습니다. 지금은 구리에선가 감자탕 집을 하고 있다는 말을 들었습니다. 그 남자는 초등학교밖에 안 나왔는데 그래도 자기를 믿고 따라와 준 아내를 볼 때마다 너무나 고마웠습니다. 그 고마운 마음이 들 때마다 숙대 교문에 가서 절을 했다고 합니다.

바로 다윗이 그러했습니다. 하나님이 좋으니까 하나님의 집이 너무 좋습니다. 그래서 하나님의 집에서 영원히 살겠다는 것입니다.

1. 하나님의 집

여기서 하나님의 집은 무엇을 의미합니까?

다윗은 하나님의 집을 어떤 의미로 썼을까요? 저는 두 가지를 의미한다고 생각합니다.

1) 하나님의 성전을 의미합니다

다윗은 아마 하나님의 언약궤가 있었던 성전을 염두에 두었을 것입니다. 다윗은 그 장막 안에서 언제나 살고 싶고, 거하고 싶었습니다. 그래서 그가 왕이 된 후에 하나님의 성막과 언약궤를 자기 성으로 가져온 것입니다. 그리고 시간만 나면 하나님의 언약궤 앞에 나아가 기도하고 하나님의 말씀을 묵상하였습니다.

다윗은 하나님을 사랑하다 보니 자신이 하나님의 집, 성전을 짓겠다고 하였습니다. 그래서 그는 하나님의 마음에 최고로 합한 사람이 되었습니다. 그런데 이런 다윗에게는 인생 말년에 소원이 하나 있었습니다. 그것은 자기 평생을 하나님의 성전에서 사는 것이었습니다.

> "내가 여호와께 바라는 한 가지 일 그것을 구하리니 곧 내가 내 평생에 여호와의 집에 살면서 여호와의 아름다움을 바라보며 그의 성전에서 사모하는 그것이라"(시 27:4).

다윗은 자기 평생에 하나님의 집, 성전에 살면서 여호와의 아름다움을 바라보고 하나님을 사모하는 것이 자신의 소원이라고 고백합니다. 그러니까 본문에서 말하는 여호와의 집이 일차적으로는 하나님의 성전을 의미하는 것입니다.

♪ 진실로 선함과 인자하심이 인자하심이
나의 사는 날까지 나를 따르리니
내가 내가 여호와 전에
영원토록 영원토록 영원토록 거하리로다

2) 영원한 하나님의 품, 곧 천국을 의미합니다

양들은 광야에서 몇 달 동안 좋은 풀을 뜯으며, 좋은 물을 마시면 살이 포동포동 오릅니다. 털도 잘 자랍니다. 그러다 우기가 되면 목자의 집으로 돌아옵니다. 그리고 목자의 집에서 먼저 털을 깎습니다. 어떤 경우에는 번제의 제물로 죽임을 당하든지, 유월절 양이 되거나 잔칫상에 오르기 위해 도살을 당할 수도 있습니다.

그럴지라도 양은 도망가지 않습니다. 이사야 53장에 나오는 것처럼 주인이 털을 깎고 칼로 목을 찔러도 목자 앞에서 잠잠할 뿐입니다. 목자는 무조건 선하고 무조건 인자하기 때문입니다.

이런 재미있는 이야기가 있습니다. 한국 교회 초창기에 선교사들이 많이 들어와 있을 때였는데, 선교사들이 어느 지역에 있느냐에 따라서 말을 달리 배웠습니다. 경상도에서 활동하던 선교사는 경상도 말을 배우고, 전라도에서 활동하던 선교사는 전라도 말을 합니다. 똑같은 말이라도 지역에 따라 다른 것입니다.

전라도에 있던 선교사가 "여호와는 나의 목자랑께로, 내가 오져부러……"라고 하고, 경상도에 있던 선교사는 "여호와가 내 목자라카이, 내사 답답할 끼 없데이……"라고 말합니다.

그런데 어떤 선교사 양반은 말은 표준말을 쓰는데 억양은 경상도 억양을 씁니다. 그래서 설교할 때 "여호와가 나의 목 짜르시니, 내가 부족함이 없으리로다"라고 말했다고 합니다. 이 말은 하나님이 나의 목을 자른다 하더라도 나에게 부족함이 없다는 말입니다. 하나님이 나의 목을 자른다 해도 하나님을 따르겠다는 것입니다.

바로 이스라엘의 양들이 그랬습니다. 목자가 자기의 목을 잘라도 부족함이 없다고, 나는 목자가 좋다고 하였습니다. 그리고 나는 영원히 목자의 집에서 살겠다는 것입니다.

이 얼마나 아름다운 표현입니까?

결국 다윗의 고백은 이런 것입니다.

"하나님, 이 세상은 제가 영원히 살 곳이 아닙니다. 이 세상은 잠깐이요, 저는 나그넷길을 걷고 있을 뿐입니다. 저에게는 영원히 돌아가 살 집이 있습니다. 그것은 바로 당신의 집입니다. 그래서 저는 이 세상을 떠날 때 영원한 당신의 집에 가서 살 것입니다. 저는 목자 되신 하나님이 너무 좋습니다. 그래서 제가 비록 지금은 이 땅에 살고 있지만 영원한 당신의 집을 사모하지 않을 수가 없습니다."

그러니 우리는 얼마나 더 여호와의 집을 사모해야 하겠습니까? 얼마나 많이 여호와의 집에서 살겠다고 고백해야 되겠습니까? 하나님이 이렇게 선하시고 인자하시니 영원히, 영원히, 영원히 여호와의 집에 거해야겠다고 고백해야 되지 않겠습니까?

♪ 이 세상은 나그넷길 나는 다만 나그네
나의 집은 저 하늘 저 너머 있고
천사들은 하늘에서 날 오라고 부르니
나는요 이 땅에 있을 맘 없어요
이 세상 이 세상 나의 집은 아니요
우리 구주 머지않아 다시 오시네
천사들은 하늘에서 날 오라고 부르니
나는요 이 땅에 있을 맘 없어요

2. 여호와의 집에서 살겠다는 의미

오늘날 우리에게 있어서 여호와의 집에서 살겠다는 의미는 무엇으로 받아들여야 할까요?

1) 이 땅에서 목자 중심, 교회 중심으로 살겠다는 의미입니다

오늘 우리에게는 하나님이 주신 이 땅의 작은 목자가 있고, 또 우리의 소속으로 주신 교회가 있습니다. 그러므로 어찌 됐건 우리는 교회를 가까이해야 합니다. 교회를 사랑해야 합니다. 그런데 여자 분들은 교회를 가까이하는 것 같은데, 남자 분들은 집에서 텔레비전만 보고 잠만 자는지 저녁 예배 때 많이 안 보입니다. 그러나 이제부터라도 교회를 가까이하시기 바랍니다.

이스라엘의 양들처럼 이렇게 고백할 수 있기를 바랍니다.

"무슨 은혜, 무슨 축복으로 우리 목사님 같은 목자를 만났단 말입니까? 웬 은혜, 웬 사랑으로 우리 교회 같은 좋은 교회를 만났단 말입니까? 그러므로 저는 절대 목사님 곁을 떠나지 않겠습니다. 목사님과 함께 이 십자가의 길을 걷겠습니다."

또 이렇게 고백해야 할 것입니다.

"저는 죽는 날까지 이 교회를 떠나지 않겠습니다. 이곳에 뼈를 묻겠습니다. 저는 양이 털이 깎이고, 목을 내주는 것처럼 이곳에 남아 모든 걸 헌신하겠습니다. 주님의 뜻이라면 목숨이라도 바치겠습니다."

이것이 바로 "여호와는 나의 목자시니 어떠한 일이 닥쳐도 내게는 부족함이 없습니다"라는 고백입니다. 이렇게 고백할 수 있어야 합니다.

2) 이 땅에서 영원한 천국을 사모하며 살겠다는 의미입니다

우리도 결국 나그네의 길을 걷고 있습니다. 아무리 이 땅의 교회가 좋고 목사님이 좋아도 우리는 어디까지나 나그네입니다. 나그네는 언젠가 돌아가야 할 집이 있습니다. 그 집은 바로 영원한 천국입니다. 그래서 성경은 우리 몸을 가리켜 '장막' 이라고 했습니다.

여기서 장막은 텐트를 의미합니다. 임시 거처입니다. 이 텐트를 치는 데 있어서 중요한 것이 있습니다. 바로 텐트를 연결해 주는 줄입니다. 그래서 성경은 장막 줄이 끊어지는 것을, 우리 육체가 죽는 것으로 표현합니다.

> "장막 줄이 그들에게서 뽑히지 아니하겠느냐 그들은 지혜가 없이 죽느니라"(욥 4:21).

장막 줄이 뽑히는 그때, 우리가 돌아가게 될 곳이 천국이라는 것입니다. 그래서 이 땅에 살면서 중요한 것이 천국을 사모하며 사는 것입니다. 우리는 너무 이 땅에 집착해서는 안 됩니다. 하나님을 사모하는 사람은 천국을 사모해야 합니다. 그런데 요즘 그런 사람들이 별로 없습니다.

다윗은 항상 하나님을 사모하고 영원한 여호와의 집을 사모하며 살겠다고 했습니다. 그런데 요즘 천국을 사모하는 마음들이 사라지고 있습니다. 왜냐하면 이 땅이 너무 살기 좋기 때문입니다. 옛날에는 먹고살기가 매우 힘들었습니다. 그래서 먹고살기 힘들 때는 천국에 소망을 두었습니다. 그러나 지금은 살기가 편해지니까 천국에 안 가고 싶은 것입니다.

요즘 아파트가 얼마나 좋습니까? 화장실도 2개, 3개씩 있는 데다 변기는 비데라서 너무 좋습니다. 텔레비전, 에어컨, 선풍기까지 리모컨 하나로 다 조종됩니다. 그리고 수도꼭지만 돌려도 냉온수가 다

나옵니다. 정말 세상 살기 좋아졌습니다.

그러나 아무리 좋아도 이 세상과 비교할 수 없는 것이 천국입니다. 하나님의 나라입니다. 그래서 옛날에는, 아니 15년, 20년 전만 해도 이 천국을 사모하는 노래를 많이 불렀습니다. 그런데 지금은 잘 안 부릅니다.

♪ 이 세상은 나그넷길 나는 다만 나그네
나의 집은 저 하늘 저 너머 있고
천사들은 하늘에서 날 오라고 부르니
나는요 이 땅에 있을 맘 없어요

이 세상은 어젯밤의 꿈과 같은 천막집
그 기쁨은 저마다 물거품 같고
해 아래서 바람 잡는 것과 같이 헛되나
나는요 주님만 섬기고 살래요

(후렴) 이 세상 이 세상 나의 집은 아니요
우리 구주 머지않아 다시 오시네
천사들은 하늘에서 날 오라고 부르니
나는요 이 땅에 있을 맘 없어요

우리는 이 땅에 살면서 우리가 다니고 있는 교회를 사랑해야 합니다. 그리고 영원한 천국을 사모하며 기다려야 합니다.

3. 결론: 양은 무조건 목자를 따라야 합니다

끝으로, 말씀을 실제적으로 적용하며 결론을 맺겠습니다. 목자와 양은 운명 공동체입니다. 양이 있는 곳에 목자가 있고, 목자가 있는 곳에 양이 있습니다. 그러므로 양은 무조건 목자를 따라야 합니다. 그럴 때 거기에 기쁨이 있고, 행복이 있고, 축복이 있습니다.

1) 위험한 양들, 조심해야 할 양들

(1) 너무 오버하거나 탐구심이 많은 양

이런 양들은 자꾸 목자보다 앞서가는 경우가 있습니다. 목자가 조금만 한눈팔면 양 무리에서 이탈합니다. 워낙 호기심과 탐구심이 많다 보니 목자를 떠나 멀리 가버리기도 합니다. 어떻게 보면 나름대로 독립심이 강한 양입니다.

이런 양에게는 일차적으로 목자가 목에 방울을 달아 줍니다. 그래도 안 되면 막대기로 몇 대 때려 줍니다. 그래도 안 들으면 목자가 다리를 부러뜨려서 그 양을 메고 다니는 것입니다. 이렇게 해서라도 목자는 양을 보호하려고 합니다.

사실 목회를 하다 보면 이런 양과 같은 성도가 있습니다. 너무 오버를 해서 목사보다 앞서가려는 사람이 있습니다. 또 쓸데없는 탐구심이 많아서 읽지 않아도 될 책을 읽습니다. 주로 내면의 영성을 특이하게 배양시켜 주는 책을 읽습니다. 거기다 내적 치유라든지, 너무 신비적이고 극단적인 내용의 책을 읽기도 합니다. 그래서 거기에 맞는 목회자를 찾아가는 것입니다.

그러나 그런 것은 좋아봤자 6개월이 한계입니다. 더 이상 신앙이 성장하지 않습니다. 사람은 내면적 영성도 중요하지만 공동체적 영성, 관계적 영성, 외면적 · 사회적 영성도 그에 못지않게 중요합니다.

우리 교회의 어떤 성도는 내적 치유 세미나에 갔다가 기도하면서 음성을 들었다고 합니다. '너는 개척 교회를 도와라!' 그래서 교구 교역자도 모르게 개척 교회를 돕는다고 여기저기를 물색하였습니다. 그러다 어느 가정집에서 예배드리는 목사를 찾아갔는데 아직도 교회를 개척하지 못하고, 가정에서 모여 내적 치유만 하고 있답니다.

사실은 처음에 제가 방울을 달아줬어야 했습니다. 아니면, 다리를 부러뜨려서라도 막았어야 했습니다. 음성을 듣는다고 하는 말을 들으면 조심해야 합니다. 왜냐하면 음성에는 하나님의 음성도 있지만, 사탄의 음성도 있고, 자기 내면의 음성도 있기 때문입니다. 많은 사람들이 자기 내면에서 나는 소리를 듣고서는 그것을 하나님의 음성으로 착각하는 경우가 있습니다. 우리는 그런 걸 조심해야 합니다.

그리고 이리나 늑대같이 기웃거리고 두리번거리는 자들을 조심해야 합니다. 물론 집에서 개척을 시작해서 목회를 잘하시는 분들도 있습니다. 그런데 집에서 개척해 놓고 내적 치유를 한다면서 성도들을 잘못 인도하니까 문제입니다. 그런 목사들은 한 6개월 하다가 사람들도 모르게 떠나버리는 수가 있습니다. 우리는 그것을 조심해야 합니다.

교회는 하나님의 말씀이 선포되고, 신령과 진정으로 드리는 예배가 있는 곳입니다. 거룩한 성도들의 교제가 있는 곳이 교회입니다.

자기 귀를 간질거리고 부드럽고 따뜻하게 해준다고 해서 그것이 전부가 아닙니다.

그러므로 영적으로 너무 쓸데없이 오버하거나 탐구심을 갖지 마시기 바랍니다. 그저 목자를 잘 따르고 교회 울타리 안에서 신앙생활을 잘 하시기 바랍니다. 그리고 절대 교회 밖에서 하는 성경공부 같은 것은 하지 마십시오. 그러다 잘못해서 이리나 늑대 같은 삯꾼을 만나면 인생 망치는 것입니다. 그래서 신천지니 길자교에 빠지는 사람들이 나오는 것이 아닙니까?

♪ 양 떼를 떠나서 길 잃어버린 나
목자의 소리 싫어서 먼 길로 나갔네
방탕한 이 몸은 불효막심하여
부친의 음성 싫어서 먼 길로 나갔네

(2) 멀리서 따라오는 양, 뒤처지는 양

이런 양도 사자나 곰이나 이리의 밥이 되기 쉽습니다. 그러니까 우리는 교회로부터 멀찌감치 서 있으면 안 됩니다. 부담이 된다고 교회에서 멀찌감치 떨어져 있는 사람이 있는데, 그러다 베드로처럼 사탄의 밥이 될 수 있습니다.

우리는 모두 교회의 일류, 주류 성도들이 되어야 합니다. '멀찌감치' 가 아니라 '일찌감치' 그리스도를 잘 따르는 성도들이 되어야 합니다. 그리고 무슨 일을 해도 앞장서서 하고, 교회 올 때도 일찍 오는 성도들이 되어야 합니다.

(3) 엎어지거나 구덩이에 빠지는 양

양은 목자를 따르다가도 조금만 발을 잘못 디디면 엎어지거나 절벽 아래로 떨어지는 수가 있습니다. 어떤 양은 엎어져서 못 일어나기도 합니다. 그런데 목자가 그것을 못 보고 지나가는 수가 있습니다. 또 어떤 양은 구덩이에 빠지는 경우도 있는데, 양은 혼자서는 절대로 거기에서 나올 수가 없습니다. 그러다 맹수의 밥이 되는 것입니다.

다행히 그 순간 목자가 혹시라도 잃은 양이 없나 해서 뒤돌아보고 수를 세어 보는 때가 있습니다. 그때 엎어져서 못 일어나는 양이 있으면 지팡이로 목을 감아서 일어나게 합니다. 그리고 구덩이에 빠진 양은 목자가 구덩이로 내려가서 건져 올리는 것입니다.

목자들의 말에 의하면 엎어지는 양은 항상 엎어지고, 구덩이에 빠지는 양은 항상 구덩이에 빠진다고 합니다.

교인들 가운데도 이런 성도들이 있습니다. 교역자는 그런 사람들을 예의 주시해야 됩니다. 마음이 잘 상하고 토라지는 사람들을 잘 관리해 주어야 합니다. 그냥 버려두면 큰 사고가 날 수도 있습니다.

그런 위기 상황에서 양은 어떻게 해야 합니까? 무조건 울어야 됩니다. 소리를 질러야 합니다.

"메에~~ 메에~~."

그럴 때 목자가 와서 일으켜주고 건져주는 것입니다.

우리는 시험당할 일이 있으면 "나 시험 들었소. 도와주세요……" 하고 소리를 쳐야 합니다. 그리고 "나 좀 도와주세요……. 심방 좀 해주세요" 해야 사는 것입니다.

괜히 시험 들어 놓고 안 든 척 체면이나 지키고……, 그러다가 내 영혼이 이리 떼에 물려가기 십상입니다. 시험 들었으면 시험 들었다고 외치는 것이 좋습니다. 그리고 심방해 달라고 해야 합니다. 도와 달라고 해야 합니다. 그래야 삽니다.

♪ 나는 길 잃은 나그네였네
죄 중에 헤매이는데
사랑의 왕 내 목자 예수
나를 집으로 인도하네
진실로 선함과 그 인자하심이 날마다 함께하시리라
진실로 선함과 그 인자하심이 날마다 함께하시리라
영원토록 주 안에 내가 거하리라
영원토록 주 안에 내가 안식하리라
진실로 선함과 그 인자하심이 날마다 함께하시리라
날마다 함께 하시리라

2) 양들의 구호

의인법적으로 표현하는 양들의 구호가 있습니다.

(1) 모이면 살고 흩어지면 죽는다!

동아프리카에 있는 탄자니아의 세렝게티 평원에는 수많은 동물들이 삽니다. 거기에 있는 사슴이나 얼룩말이나 들소들은 다 떼를 지어서 다닙니다. 반면, 그 떼를 노리는 맹수가 있습니다. 특별히 사자가 그 떼를 공격합니다. 이 사자는 무리에서 이탈하거나 뒤처지는 짐승들을 제일 먼저 공격 대상으로 삼습니다. 심지어는 코뿔소 같은 큰 짐승도 잡아먹습니다. 아무리 힘센 짐승일지라도 먼저 흩어지게 하고, 고립시켜서 잡아먹는 것입니다.

동물들이 제아무리 떼를 지어서 일사불란하게 움직여도 사자 같은 맹수들이 공격하면 동요합니다. 사자들이 그 떼 사이로 파고들어가서 그 떼를 어지럽힙니다. 그래서 이리저리 사방으로 흩어지게 한 다음에 하나를 포위해서 잡아먹습니다. 호기심이나 탐구심이 많거나 오버하는 짐승들은 무조건 맹수의 밥이 되는 것입니다.

오늘날 교회 성도들도 마찬가지입니다. 멀리 떨어지거나 뒤처지는 성도들은 영적 맹수의 밥이 되기 쉽습니다. 그래서 우리는 어찌되었건 교회를 중심으로 모이기에 힘써야 합니다. 그러니까 "뭉치면 살고 흩어지면 죽는다"는 말은 이승만 박사의 말이 아니라, 저 유대 광야에서 목자들을 따르는 양들의 구호가 되는 것입니다.

(2) 목자를 떠나면 양은 죽는다!

세렝게티 평원에서 가장 안전한 짐승은 무리의 가장 가운데에 있는 짐승입니다. 그에 반해, 가장 안전하지 못한 짐승은 제일 뒤처지거나 무리에서 이탈하는 짐승입니다. 그래서 그곳의 동물들은 본능적으로 모입니다. 살기 위해서 그런 것입니다. 이와 같이 양도 목자에게 가장 가까이 있는 양이 안전합니다. 목자 바로 뒤에서 따르는 양이 안전한 것입니다.

그러면 교회에서는 어떻습니까? 목사와 가깝고 교역자들과 가까운 사람들이 안전합니다. 혼자서 겉도는 사람은 정말 위험합니다.

괜히 목사와 먼 관계를 만들어 겉돌거나 스스로 마이너리그를 선택할 필요가 없습니다.

사실 노무현 대통령이 얼마나 훌륭했습니까? 그런데 그는 대통령이 되기 전까지도 비주류에 있었지만, 대통령이 되어서도 비주류가 되어 통치한 것입니다. 그분의 깨어 있는 정신이라든지 전통이나 권위에 의존하지 않는 것은 신선하고 좋은 것이었습니다.

그러나 그는 자꾸 비주류 노선을 선택했습니다. 그 어려운 사법고시를 패스해서 판사가 되었지만 스스로 인권 변호사로 변신하였습니다. 거기서부터 그는 비주류를 선택한 것입니다. 물론 그렇게 해서 국회에서 야당 국회의원으로 5공 청문회 스타가 되기도 했습니다. 그런데 YS의 배려로 국회의원이 되긴 했지만, 나중에는 YS를 버리고 국민통합추진회의에 가담하였습니다.

그는 지역주의 타파를 내세우며 부산으로 가서 또 실패의 길을 걷습니다. 그러다 몇 번의 실패를 맛보지만, 결국에는 대통령이 되었습니다. 그런데 대통령이 되어서도 대통령으로서의 품위와 권위를 지키려고 하기보다는 비주류의 세계로 가는 것입니다. 평검사와 대화도 하고 취임 초기부터 잘사는 사람들과 각을 세웠습니다. 물론 어느 면에서는 좋았습니다. 너무 대통령으로서의 권위를 내세우는 것도 아니고 분배 정책에도 힘쓰고 말입니다.

이제 대통령의 임기를 마치게 되었습니다. 그러면 그냥 서울에 있으면 좋았을 텐데 봉하마을로 내려갔습니다. 물론 그것도 좋게 볼 수 있습니다. 그런데 자꾸 비주류 쪽으로 가는 것입니다. 거기서 인터넷을 통해 정치를 합니다. 현 정부와 반대되는 사람들과 대화하면서 비주류 정치를 계속하였습니다. 그러다 검찰 조사를 받은 후 진짜 비주류의 길, 부엉이 언덕길로 가지 않았습니까? 결국 그렇게 세상을 떠나고 말았습니다.

저는 여기서 노무현 대통령의 일을 정치적으로 이야기하려는 것이 아닙니다. 영적으로 이야기하는 것입니다. 그러니 우리는 절대로 비주류를 선택하지 말아야 합니다. 자꾸 목자와 멀어지고 교회와 멀어져서는 안 됩니다. 아무것도 아닌 일 가지고 자꾸 시험에 들면 마귀의 밥이 됩니다. 그러니 우리는 모두 주류가 되어야 합니다.

♪ 양 떼를 떠나서 길 잃어버린 나
목자의 소리 싫어서 먼 길로 나갔네
방탕한 이 몸은 불효막심하여
부친의 음성 싫어서 먼 길로 나갔네

(3) 다른 음성은 듣지도 말고, 귀 기울이지도 말자!

양들은 청각이 발달되어 있습니다. 그 발달된 귀로 목자의 소리를 들어야 하는데 자꾸 목자의 소리가 아닌 것에 귀 기울일 때가 있습니다. 다른 음성에 호기심을 갖습니다. 그러다 맹수의 밥이 되는 것입니다.

맹수가 얼마나 머리가 좋습니까? 맹수가 다가올 때는 맹수 소리를 안 냅니다. 영리한 맹수는 염소 소리를 낼 수도 있습니다. 맹수가 으르렁거리며 다가오는 게 아니라 "음메~~" 소리를 낼 수도 있습니다. 목소리가 굵으니까 정력이 센 염소인가 보다 하고 가까이 가다가, 갑자기 사자의 입에 걸려들어 목이 부러지는 것입니다. 그리고 죽는 것입니다.

옛날에는 기도원에 가서 잘못되어 오는 경우가 많았습니다. 은혜 받는다고 잘못된 기도원에 갔다가 몸 버리고 신앙 버리고 오는 수가 있었습니다. 그런데 요즘은 기도원이 뜸해지니까 성경공부니, 내적 치유니, 하나님의 음성 듣기니 하는, 아주 세련되게 접근하는 것들에 미혹됩니다. 거기에 의존하게 되고 종속 관계를 맺은 후에는 신앙 버리고, 사명 버리고, 마음 버리고, 몸 버리는 것입니다.

그러므로 우리는 다른 음성은 듣지도 말고 귀 기울이지도 말아야 합니다.

(4) 오직 목자의 집으로 만족하자!

유대 광야에는 거리를 두고 다른 양의 우리가 있기도 합니다. 그런데 어떤 목자는 꾀가 많아서 양만 데려오는 것이 아니라 염소를 섞어서 데리고 옵니다. 왜냐하면 염소는 힘이 좋고 험한 지형도 잘 오르기 때문에 목자가 양치기 개처럼 염소를 이용하는 것입니다. 양 50-100마리당 염소 6-7마리를 섞습니다. 그래서 염소를 따라서 양들로 하여금 산을 잘 오르게 하는 것입니다.

이 우리에 양이 150마리가 있고, 저쪽 2km 전방의 다른 우리에도 100마리가 있는데, 다른 우리에 있는 염소 소리를 이 우리의 양들이 들을 수 있습니다. 그런데 거기에서 나는 염소의 울음소리가 너무 멋지고 매혹적으로 들립니다. 이때 호기심이 많은 양은, 자기 목자가 잠든 사이에 얕은 우리의 담을 넘어서 그곳으로 갑니다.

그런데 그렇게 하다가 중간에 맹수에게 잡아먹히는 것입니다. 또 어떻게 잘 찾아가서 데이트는 했다 하더라도 돌아오는 길에 사고를 당할 수도 있습니다. 그런 양들은 십중팔구 사고가 나게 되어 있습니다.

그러므로 양들은 자기 집으로 만족해야 됩니다. 그래서 다윗도 "내가 여호와의 집에 영원히 살겠다"고 하지 않았습니까? 이 말은 "여기서 살고 여기서 죽겠습니다"라는 뜻입니다.

오늘을 살아가는 우리도 마찬가지입니다. 다른 종교에 구원이 있는 것이 아닙니다. 우리가 가지고 있는 이 신앙으로 만족해야 합니다.

이제 시편 23편 강해가 막을 내립니다. 이 말씀의 결론이 무엇입니까? 하나님이 좋고 교회가 좋고 목자가 좋다는 것입니다. 하나님을 따르고 이 땅의 목자와 교회를 따르겠다는 것입니다.

우리는 여호와의 집을 가까이해야 합니다. 그래서 하나님을 목자로 삼는 양 같은 성도가 되어 하나님께 영광 돌리는 삶을 살아야 하겠습니다.

♪ 여호와는 나의 목자시니
내게 부족함이 없으리로다
여호와는 나의 목자시니
내게 부족함이 없으리로다
나로 하여금 푸른 초장에 눕게 하시며
잔잔한 물가로 잔잔한 물가로 인도하시도다
진실로 선함과 인자하심이 인자하심이
나의 사는 날까지 나를 따르리니
내가 내가 여호와 전에
영원토록 영원토록 영원토록 거하리로다

♪ 선한 목자 되신 우리 주 항상 인도하시고
방초 동산 좋은 곳에서 우리 먹여 주소서
선한 목자 구세주여 항상 인도합소서
선한 목자 구세주여 항상 인도합소서

일찍 주의 뜻을 따라서 살아가게 하시고
주의 크신 사랑 베푸사 주를 좇게 하소서
선한 목자 구세주여 항상 인도합소서
선한 목자 구세주여 항상 인도합소서

베두인의 눈으로 본 시23편

2011년 2월 25일 1판 1쇄 발행
2011년 3월 5일 1판 2쇄 발행

지은이 | 소강석
발행인 | 이형규
발행처 | 쿰란출판사

주소 | 서울특별시 종로구 이화동 184-3
TEL | 02-745-1007, 745-1301~2, 747-1212, 743-1300
영업부 | 02-747-1004, FAX / 02-745-8490
본사평생전화번호 | 0502-756-1004
홈페이지 | http://www.qumran.co.kr
E-mail | qumran@hitel.net
qumran@paran.com
한글인터넷주소 | 쿰란, 쿰란출판사

등록 | 제1-670호(1988.2.27)

책임교열 | 송은주

값 9,500원

ISBN 978-89-6562-064-8 93230